# 深度学习场域下的混合式教学

林立芹◎著

吉林出版集团股份有限公司
全国百佳图书出版单位

**图书在版编目（CIP）数据**

深度学习场域下的混合式教学/林立芹著. --长春:
吉林出版集团股份有限公司, 2021.3
ISBN 978-7-5581-9866-3

Ⅰ. ①深… Ⅱ. ①林… Ⅲ. ①教学模式一研究 Ⅳ.
①G42

中国版本图书馆CIP数据核字(2021)第052996号

SHENDU XUEXI CHANGYUXIA DE HUNHESHI JIAOXUE
**深度学习场域下的混合式教学**

著　　者/林立芹

出 版 人/吴文阁
责任编辑/朱子玉
责任校对/王　红
封面设计/博健文化
开　　本/787mm×1092mm　1/16
字　　数/266千字
印　　张/11.25
版　　次/2022年8月第1版
印　　次/2022年8月第1次印刷

出　　版/吉林出版集团股份有限公司
发　　行/吉林音像出版社有限责任公司
地　　址/吉林省长春市净月区福祉大路5788号出版大厦A座13层
电　　话/0431-81629660
印　　刷/三河市嵩川印刷有限公司

ISBN 978-7-5581-9866-3　　　定价/48.00 元

# 前　言

随着网络技术和学习科学的不断发展，教育者不仅针对教学方式进行改革，也在探索如何转变学生的学习方式。在信息技术与课堂教学深度融合的趋势下，深度学习与混合式教学成为有效的教育理念和学习方式，对促进人的发展起着至关重要的作用。在深度学习理念的影响下，如何利用混合式教学进一步促进学生的专业技能以及创新能力的发展，成为社会所关注的焦点。

本书以“深度学习场域下的混合式教学”为选题，探讨深度学习、混合式教学相关内容。全书共分为六章：第一章阐述深度学习与深度学习场域，内容涉及深度学习的内涵与认知理论、深度学习教学法、基于虚拟现实技术的深度学习场域；第二章研究深度学习的理论依据及其场域构建，内容包括深度学习的特征、深度学习的发生过程、机理与模型设计、深度学习的显在场域构建、深度学习的意义场域构建；第三章对深度学习的影响因素与实践困境进行解读，主要包括深度学习的主要影响因素、深度学习的实践困境、深度学习的困境突破策略；第四章通过分析混合式学习及其理论、混合式学习的教师和学生发展、混合式学习空间的设计与建设、混合式教学的理论基础与教学设计，论述混合式学习理论阐释及其教学设计；第五章探究深度学习场域下的混合式教学模式构建，内容涵盖基于深度学习的有效教学生态重构、基于深度学习的翻转课堂混合式教学设计与实施、基于慕课与翻转课堂融合的深度学习场域构建；第六章为深度学习场域下的混合式教学效果评价，研究混合式教学效果评价的理论、混合式教学效果评价过程与结果、过程性评价机制在深度学习效果评价中的应用。

全书围绕深度学习，研究在深度学习场域下的混合式教学。内容丰富，明确深度学习、混合式学习、混合式教学等相关概念的阐述与解读，结合实际情况，以发展眼光看待问题，推进深度学习与混合式教学的进一步发展。

本书由山东外国语职业技术大学林立芹撰写，是山东省职业教育教学改革研究项目

《混合教学模式下高职英语专业学生自主学习能力培养研究》（编号：2017308）的研究成果之一。

笔者在撰写本书的过程中，得到了许多专家、学者的帮助和指导，在此表示诚挚的谢意。由于笔者水平有限，加之时间仓促，书中所涉及的内容难免有疏漏之处，希望各位读者多提宝贵的意见，以便笔者进一步修改，使之更加完善。

作　者

2020 年 11 月

# 目　录

# 第一章　深度学习与深度学习场域初探

## 第一节　深度学习的内涵与认知理论

### 一、深度学习的内涵解读

深度学习提倡主动性、批判性的有意义学习，表达了一种对学习本质的认识，深度学习要求学生在真实社会情景和复杂技术环境中，更加注重批判性地学习和反思，通过深度加工知识信息、深度理解复杂概念、深度掌握内在含义，主动建构个人知识体系并有效迁移应用到真实情境中以解决复杂问题，最终促进全面学习目标的达成和高阶思维能力的发展。

深度学习的产生与发展有着悠久的思想来源和丰厚的理论基础。科学技术特别是信息技术的发展，为教育提供了有力的技术支持，也以惊人的速度改变着人类的生产方式、学习方式和思维方式。当下数字化、网络化、移动化的新型学习方式相继出现并开始盛行，然而在学习效率和效果上，并未有充足的证据表明得到了实质性的提高，甚至由于对新型学习工具和技术的误用，有些学习活动仅停留在浅层学习层面，于是网络甚至被认为是“滋生浅层学习的温床”，不适合深度学习活动的开展。这种认识看似具有一定的现实依据，但这并非网络学习的本质和宿命，实际上高度信息化的知识经济时代更要求学生能够深度加工知识信息，深度理解复杂概念，深度掌握内在含义，并进而建构个人化情景化的知识体系用以解决现实复杂问题。深度学习已成为这一时代背景下一种重要而有效的学习方式和学习理念，引起学习研究群体的普遍关注和学生个体的高度重视。

随着技术支持学习日益受到重视，在各种新型学习方式不断涌现的当下，面对学习快餐化、碎片化、微型化会带来的学习浅表化、浮躁化的忧虑与质疑，有必要更深入地分析理解深度学习的本质内涵，并从学习科学和学习心理学的角度，进一步探索深度学习的理论依据，对于理解和认识深度学习以及进而揭示其发生机制、形成促进策略具有现实的理论意义。

随着学习研究的深入，对学习的认识也日益深刻，目前研究界已就学习达成的有关共识包括：深度理解概念的重要性、注重学与教、创设学习环境、学生在先前知识基础上建构知识的重要性以及反思的重要性。这些共识中包含有对深度学习的认识，而深度学习作为一种特定学习概念的表达以及相关的专题研究实际已由来已久。

深度学习是指在理解的基础上，学生能够批判地学习新思想和事实，并将它们融入原有的认知结构中，能够在众多思想间进行联系，并能够将已有的知识迁移到新的情境中，做出决策和解决问题的学习。这一概念也得到了较为广泛的认同。综合国内外对深度学习的认识，这是一种主动的、批判性的学习方式，也是实现有意义学习的有效方式。

与深度学习相对应的浅层学习，指向的则是一种被动的、机械式的学习方式，即把信息作为孤立的、不相关的事实来被动接受、简单重复和机械记忆，忽视对知识的深层加工、深度理解及长期保持，更无法实现知识建构、迁移应用及问题解决。从学习目标的角度而言，根据布卢姆对认知领域学习目标的分类，对应“知道、领会、应用、分析、综合及评价”这六个层次，浅层学习的认知水平只停留在“知道、领会”这两个层次，主要是知识的简单描述、记忆或复制；而深度学习的认知水平则可对应“应用、分析、综合、评价”这四个较高级的认知层次，不只涉及记忆，更注重知识的理解和应用。因而，较为直观的表达为，浅层学习处于较低的认知水平，是一种低级认知技能的获得，涉及低阶思维活动；反之，深度学习处于高级的认知水平，面向高级认知技能的获得，涉及高阶思维活动。显然，深度学习的实现与高水平思维的运用密切相关。可以说，高阶思维是深度学习的核心特征，发展高阶思维能力有助于实现和促进深度学习，同时深度学习又有助于提高学生的思维品质和学习效能。

## 二、深度学习的认知理论解读

人类的学习活动是一个极其复杂的系统，对人类学习现象及其本质规律的研究也一直是人类长期关注的重点领域。回顾漫长的学习研究历程，人类对学习现象的探索经历了三次转变：哲学研究传统、基于实验室的科学心理学研究传统和关注自然情境的多学科整合研究传统，并逐渐形成了系统的、科学的学习理论，逐步转向更关注真实情境中复杂学习现象的学习科学研究，但“学习是如何发生的”以及“如何促进学习”仍是学习研究的两个基本问题。目前，人类的学习研究活动正处于以学习科学为主要标志的阶段，更关注真实中的复杂学习现象，而深度学习也通常发生在复杂的社会和技术环境中。在学习科学中，一个重要研究目标是探索学习如何发生，进而对深度学习进行详细定义，并且设立不同的指标和评价模式，以便观察和测量深度学习，及产生深度学习的环境条件。

作为一种主动的、批判性的有意义学习方式，深度学习是当前学习研究的重要内容之一，而对其的认识和理解建立在多种学习理论的基础之上。在学习理论两大主要流派行为主义和认知主义中，行为主义关注控制的条件刺激和可观察的行为反应之间的关联，而认知主义关注学生内部心理结构的性质和变化。

认知心理学家从不同的角度对人类的认知活动进行了深入研究，相继提出了认知信息加工理论、认知—发现学习理论、有意义学习和图式理论、建构主义理论、认知灵活性理论、情境认知理论、分布式认知理论和元认知理论等，大都认为学习是学生进行复杂的信息加工活动和认知建构的过程。深度学习实质上是结构性与非结构性知识意义的建构过程，也是复杂的信息加工过程，须对已激活的先前知识和所获的新知识进行有效和精细的深度加工，即为觉知、分析到综合、应用、同化而加工。

深度学习的目的是发展高阶思维能力、实现有意义学习，其核心思想体现了理解、建构、迁移、问题解决、反思等认知科学领域的重要概念。作为学习理论的重要一支，认知主义学习理论中的若干流派都与深度学习所涉及的核心概念有所关联，但是从深度学习的内涵、特征及过程而言，建构主义理论、情境认知理论、分布式认知理论和元认知理论这四个认知理论与深度学习联系更为密切。由于深度学习的过程主要包括情境创设、知识建构、问题解决和反思评价，相应地，这四个认知理论也从这四个角度对深度学习进行了阐释，虽然各有侧重，但并不是绝对独立的。同时，这四个认知理论之间也存在一定的联系。

建构主义理论从学习的过程、结果、条件等角度较为全面地阐述了深度学习，情境认知理论、分布式认知理论和元认知理论也从多个方面丰富和发展了建构主义的相关研究；元认知理论的思想贯穿于深度学习的各个过程中，并在建构主义理论、情境认知理论和元认知理论中都有所涉及。深度学习与认知理论之间，以及这些认知理论之间的关系如下：

### （一）建构主义理论与深度学习的联系

建构主义是认知学习理论的一个重要分支，作为一种认识论，建构主义可以溯源到苏格拉底、柏拉图和康德；作为一种学习理论，它与皮亚杰、维果斯基、布鲁纳等心理学家的思想体系有着密切的联系。目前，建构主义的流派众多、观点各异，但大都认为学习不是知识由教师向学生的传递，而是学生在原有知识经验基础上，在一定的社会文化环境中，主动对新信息进行加工处理，建构知识的意义（或知识表征）的过程。

建构主义者认为学习应具备六条核心特征：积极的、建构性的、累积性、目标指引的、诊断性和反思性，具有所有这六条特征的学习才是典型的建构主义学习。深度学习在一定程度上体现了建构性学习的六条核心特征，是一种典型的建构性学习。建构主义理论从学习的过程、结果与条件等三个角度解释了深度学习的内涵：

（1）深度学习过程具有双向建构特征。建构主义认为，学习是学生主动地建构内部心理表征的过程，是新旧经验之间反复的双向相互作用过程，即建构一方面是对新信息的意义的建构，同时又包含对原有经验的改造和重组。学生双向建构知识意义的过程实际上就是同化和顺应的过程：①在学习的过程中，学生将新知识信息与原有知识联系起来，从而建构新的知识意义，并将其纳入已有的认知结构中，即同化；②学生已有的认知结构会与新的外在信息产生冲突，引发原有认知结构的调整或变化，即顺应。深度学习认为，任何知识都不是孤立存在的，要求学生把新知识与已有的知识经验联系起来，在已有知识结构的基础上建构新知识，丰富或重构原有的认知结构。因此，深度学习是一种双向建构知识意义的学习，能使学生获得更为灵活的知识、更为深刻的理解。

（2）深度学习结果形成复杂认知结构。认知派学习理论认为，学习的结果就是要形成认知结构。所谓认知结构是指个体已形成的应付与处理学习情境或问题情境的内在经验系统，可分为信息经验系统（即知识结构）和运算经验系统（即认知活动方式）。建构主义认为知识结构是围绕关键概念而建构起来的网络结构，既包括结构性知识，也包括非结构性知识。因此，建构性学习的结果是建构结构性与非结构性知识意义的过程。在此基础上，斯皮罗等人将知识划分为良构领域的知识和非良构领域的知识，并将学习分为初级学习和高级学习，初级学习主要涉及良构领域的知识，而高级学习则主要涉及非良构领域的问题。作为一种建构性学习，深度学习显然是一种高级学习，不仅要求学生懂得概念、原理、技能等结构化的浅层知识，更要求学生理解掌握复杂概念、深层知识等非结构化知识，最终形成结构化与非结构化的认知结构体系，并灵活地运用到各种具体情境中来解决实际问题。

（3）深度学习实现需要创设适宜条件。任何学习的实现都需要相应的条件，引起学习的条件大致有两类：①内部条件，存在于学生自身，是学生在开始学习某一任务时已有的知识和能力；②外部条件，独立于学生之外，一般是指学习环境。情境、协商、会话、意义建构是建构主义学习环境的四大要素，是促进学生主动建构知识意义的外部条件。在真实的、复杂的学习环境和问题情境中，建构性的学生要解决的是结构不良的复杂问题，虽然预备与激活先期知识能够为其解决问题提供脚手架，但是仅仅拥有这些简单的浅层知识不足以完全支持复杂问题的解决，更需要通过对话、协商、反思等来掌握深层知识、理解复杂概念，进而建构所需的知识意义。同建构性学习一样，深度学习也通常发生在复杂的社会环境和学习环境中，通过创设有意义的学习环境能够帮助学生实现深度学习和深度理解。

### （二）情境认知理论与深度学习的联系

情境认知所倡导的学习思想可追溯到杜威的“做中学”和维果茨基的社会文化观，这一概念在20世纪80年代末正式提出，随后逐渐兴起并成为学习理论领域的研究热点。情境认知理论不是把知识作为个体内部心理的表征，而是把知识视为个人和社会或物理情境之间联系的属性以及互动的产物。因此，学习不仅仅为了获得一大堆事实性的知识，还要将自己置于知识产生的特定物理或社会情境中，通过积极参与具体情境中的社会实践来获取知识、建构意义并解决问题。唯有将学习嵌入其所关联的社会和自然情境之中，学习才会被赋予真正的意义，有意义的学习才有可能真实发生。由此可见，情境认知理论是一种能提供有意义学习，并促进知识向真实生活情境迁移的重要学习理论，其所提倡的情境学习具有基于情境的行动、合法的边缘参与、实践共同体的建构等基本特征，而这些特征在深度学习中也有重要体现，情境认知理论是实现并促进深度学习的重要理论依据之一。

（1）深度学习是某种程度，基于情境的行动情境认知理论揭示了人类学习和知识本质，认为知识具有情境性、生成性、分布性及条件性等特征，学生通过参与情境中的活动并用所获得的知识来解决实际问题，才能建构知识意义并真正掌握这些知识。深度学习的最终目的也是要解决复杂的真实问题，而问题的解决，要求学生能够在已有知识经验的基础上建构新知识并迁移到相应的情境中。因此，可以根据情境认知理论来创设真实化的、有意义的学习情境，以支持和促进深度学习。

（2）深度学习的过程体现了合法的边缘参与。合法的边缘参与是指新手学生在实践共同体内，最初从事边缘性的活动，观察熟练从业者，并在他们的引导下参与活动，在实际的工作参与中，逐渐发展知识与技能，并随着技能的增长，逐渐被允许做重要的工作，进入圈子的核心。从本质而言，“合法的边缘参与”描述了一个新手学生从边缘性的参与者发展成为某一实践共同体核心参与者的历程。新手学生通过参与实践共同体，能够逐渐掌握专家的知识与技能，最终获得共同体中核心成员的身份，成为能够指导共同体中其他新手学生的熟手乃至专家。而专家与新手的差别不仅仅表现在记忆力或智力等一般能力上，也不是一般策略应用的差别，而是专家获得了广泛的深层知识。这些深层知识不仅会影响到专家对学习情境中信息的组织、表征和理解，还会影响到专家的注意、记忆、推理和解决问题的能力。因此，深度学习体现了新手学生向熟手或专家型学生成长的过程，其终极目标就是要培养熟手或专家型学生。

（3）深度学习的实现需要共同体的构建与支持。为了完成真实或仿真的复杂任务活动，学生需要参与到相应实践共同体中，通过与实践共同体内其他成员的相互对话、彼此互动来加深对知识的理解，并共同建构解决真实情景中的复杂问题所需的知识意义。深度学习的最终目标是要解决情境中的复杂问题，这个目标对学生个体而言较难达成，但是构建相应的实践共同体则会使之更易实现。此外，由于知识具有社会共享与分配的特性，提供异质性的实践共同体有助于形成“最近发展区”，还能为深度学习的实现提供更多的支持和帮助。

### （三）分布式认知理论与深度学习的联系

传统的认知理论把认知看成局部现象，只关注个体内部的认知，忽视了复杂的社会文化环境对人类认知活动的影响。

1. 认知领域的教育目标

从知识维度分析，认知领域的教育目标包括三点：

第一，事实性知识。事实性知识具有零碎性、分散性。其实际为具体事件的“符号串”或者是元素，一般以拼音、字母以及符号等低阶性抽象水平呈现，概念性知识与整体结构中的各要素相关。它包括了模型、图式与理论，对概念性知识进行深入研究后，可以了解某一学科领域的知识是如何形成、如何演变的。

第二，反省认知知识。反省知识是一种高阶抽象水平知识，主要涉及认知方面的知识。历经学习与一段时间的发展后，学生应对自身有所认识，掌握必要的反省认知知识，除了包括学习、思考、分析问题的知识外，还包括了条件性知识与情境性知识。同时，也涉及认知与动机在内的知识，这些知识的构成与组建对学生产生了较大影响。

第三，程序性知识。程序性知识是传授“如何做事”的知识。它与概念性知识、事实性知识不同，其主要以“如何”样式出现，呈现“过程”的不同，通常包括技术、算法及技能等方面的知识，同时也包括随时进行运用的知识。

深度学习是在概念性知识与事实性知识基础上，深化程序性知识的一种表现，通过深化程序性知识获得必要的反省认知知识。在概念划分上，不能简单地将概念性知识与事实性知识当作是浅层学习，将反省认知知识与程序性知识当作是深度学习。尽管在分类上对它们进行了划分，但是它们彼此间相互依存，相互交融，也就是和浅层学习与深度学习相同，不可将它们单纯地进行二元分离。

2. 分布式认知

认知的本性是分布式的，认知现象不仅包括个人头脑中所发生的认知活动，还涉及人与人之间以及人与技术工具之间通过交互实现某一活动的过程。分布式认知是认知科学的一个新分支，借鉴了认知科学、认知人类学、社会学以及社会心理学的理论和方法，认为要在由参与者全体、人工制品所组成的功能系统的层次来解释认知现象，强调在个体的分析单元中不可能看到的认知现象。

分布式认知的概念具有两层含义：①分布式认知是一个包括认知主体和环境的系统，是一种包括所有参与认知的事物的新的分析单元；②分布式认知是一种认知活动，是对内部和外部表征的信息加工过程。深度学习要求学生在学习过程中批判性地看待知识和问题，并开展自我反思活动，还要能够在已有知识经验的基础上建构新的知识意义，进而迁移应用到真实的、具体的情境中，这些都体现了高阶思维和高水平认知。

作为一种研究认知存在形态和认知活动方式的学习理论，分布式认知认为认知分布于个体内、个体间，媒介、环境、文化、社会和时间等之中，而且认知活动不仅仅依赖于认知主体，还涉及其他认知个体、认知对象、认知工具及认知情境等。因此，分布式认知不仅能提供更多认知工具来分担学生的认知负荷，从而使学生有更多时间和精力发展高阶能力，还能创设丰富的认知情境来发展学生的认知活动，提升其认知的理解水平。总之，分布式认知能引导学生的认知向高水平认知发展，能引导学生的学习活动向深度学习迈进。

### （四）元认知理论与深度学习的联系

元认知思想源远流长，最早以一种内省思维或反省思维的形式存在。元认知是认知主体对自身心理状态、能力、任务目标、认知策略等方面的知识，同时也是认知主体对自身各种认知活动的计划、监控和调节。实质上，元认知就是对认知的认知，是个体对自身学习、思维等认知活动的自我觉察、自我监控和自我调节，是自我意识高度发展的结果。

当代认知心理学全面揭示了人类的认知活动及过程，科学验证了元认知对学习的促进作用，并将反思纳入元认知概念的范畴。元认知理论认为，学生能有效控制自己的思维活动和学习过程，进而深化和拓展了反思的内涵。深度学习是通过探究的学习共同体来促进条件化知识和元认知发展的学习，而学习科学已经反复证明了元认知在深度学习中的重要性，可以说深度学习和元认知之间存在着相互促进的关系。

元认知能促进学生的深度学习。深度学习是一种高阶学习，要求学生运用高于熟记的高级心智来开展学习活动。而元认知是对认知的认知，显然是一种高阶能力。学生通过利用元认知知识及策略来对自身的学习过程和思维活动进行监控和调节，可以及时发现并修正学习中存在的不足，加深对深层知识和复杂概念的理解掌握，进而建构知识意义并用来解决实际问题，最终实现深度学习。

深度学习也能发展学生的元认知能力。元认知策略性地运用陈述性知识、程序性知识和条件性知识以达到目标和解决问题。深度学习则是在陈述性知识和程序性知识基础上追求对策略性知识的进一步深化，它不满足于被动地接受，更注重接受之后的反思；不满足于对原有知识的扩充，更注重学生认知结构的重建。由此可见，深度学习将元认知作为一种重要的促进策略，要求学生对自身及其所在共同体的学习情况进行反思，这不仅能提高其学习效果，还有助于提高其反思的水平及能力。

## 第二节　深度学习教学法概述

深度学习是新内容或技能的获得必须经过一步以上的学习和多水平的分析或加工，以便学生可以改变思想、控制力或行为的方式来应用这些内容或技能。2014 年新媒体联盟公布的基础教育版地平线报告中再次提到了深度学习，“卓越教育联盟”对深度学习进行了界定，即以创新方式向学生传递丰富的核心学习内容，并让他们学习后应用所学的内容。“卓越教育联盟”版深度学习的定义强调了深度学习的策略是“创新方式”，即运用多样化的教学策略支持学生进行深度学习。

高阶思维深度学习最本质的特征是高阶思维的培养，教育目标分类学，将认知领域的目标分为六个层次，即记忆、理解、应用、分析、评价和创造。记忆和理解属于低阶思维，应用、分析、评价和创造属于高阶思维。

启发式教学是师生积极主动参与教学活动，学生在教师指导下积极主动地探究和解决问题，获取知识和提高认知能力的一种教学指导思想。

基于项目的学习是学习过程围绕某个具体的学习项目，充分选择和利用最优化的学习资源，在实践体验、内化吸收、探索创新中获得较为完整和具体的知识，形成专门的技能和得到充分发展的学习。

## 一、国外的研究现状

国外关于深度学习的研究时间较长且更加深入，不仅包括深度学习的定义与浅层学习的区分，还包括深度学习的路线等。基于扎实的深度学习理论和实践基础，国外的深度学习走在前端，也提出了许多基于深度学习的创新策略。2014 年，新媒体联盟公布的基础教育版地平线报告中，把“追求深度学习”作为驱动学校应用教育技术的近期趋势。通过基于项目的学习、基于问题的学习、基于探究的学习、基于挑战的学习和其他相似的方法，能够让学生在校内外具有更多主动学习的经历，通过深度学习培养有知识、创新性、批判性的思考者，让他们具备决胜 21 世纪的领导力和沟通能力。目前深度学习主要以非正式的课后项目和课外活动的形式开展，如何将深度学习引入正式学习环境成为一个研究的重点。国外的相关研究案例有以下方面：

第一，“探险式学习”。缅因州国王中学采用“探险式学习”方式。探险式学习致力于打造这样的教室，教师可以履行自己的最高理想，学生可以实现他们认为不可能的事情。探险式学习激发学生学习兴趣，加强教师专业发展并提供研究结果。探险式学习的学校超越了教室，有严谨的学者，有积极性和目的性的学习。给学生设置需要解决的挑战，学生们必须创造性地发明、设计、运行他们的解决方案。

第二，“智能列表，10 个具有创新精神的高中”。美国各地的 5000 多所学校正在实施更深度学习。他们的事例表明，深度学习可以提高学生的学习成果。他们通过创建充满活力的学习环境，使学生对内容有深刻的理解，并能够利用这些知识来解决问题。通过批判性思维、有效沟通以及自我反思，从而培养高阶思维。

第三，“深度学习的时间，五个高中的经验教训”。这个案例主要介绍开展深度学习活动和课程分配时间的情况，介绍的五个高中是经过国家时间和学习中心测试过的，对于指导深度学习具有可借鉴的意义。五个深度学习的学校，经过调查发现应该重新反思学生和教师在学校度过的时间。考虑到时间作为灵活的资源，这些学校已经修改了一些传统的教育时间规定，以促进学生和教师在一起进行深度学习。重新塑造师生在校时间包括：①建立一个积极的学习环境；②使用一个跨学科，以项目为基础的方法；③在学习和技能发展方向形成“真实”的形成性和总结性的评价；④学生与“现实世界”的连接；⑤鼓励教师协同工作，并追求卓越的深度学习，在未来几年将迎来重大的教育改革，教育部门应该落实政策，给学生提供更多的机会，使他们成为强大的传播者、交流者、批判者、问题解决者和有激情的学生，使他们继续学习以掌握核心的学术技能。

第四，“应用，基于问题的学习来探索未知的学术潜能”。美国能源部教育资助项目目标之一，是洞察基于问题的学习（PBL）能否会鼓励学生揭示前所未见的学术潜力。衡量标准包括标准化的测验成绩、学生在基于问题学习的学习情况，以及学生独立完成基于问题学习任务的表现。比较结果支持教师选出的学术水平提高的学生，这组学生区别于传统意义上的好学生。

第五，“苹果公司提出的基于挑战的学习”。现在学生通过网络技术即时获取信息，通过非正式学习获取知识，并且超越了知识的消费者，成为信息的生产者和发布者。因此，相较之下，传统的教与学的方法在吸引学生关注和激励学生达到学习目标上，其作用正在降低。为了满足创造新方式来促进学生实现目标的需要，苹果公司曾与全国各地的教育工作者合作开发基于挑战的学习。

基于挑战的学习是一种多学科教学方式和学习方式，鼓励学生利用他们日常生活中的技术来解决真实世界的问题。学生对媒体的接受对教学参与者提出了挑战，要求他们利用以往学习经验，去获取新知识，挖掘他们的创造力以寻求解决问题的新方法。

## 二、国内的研究现状

国内关于深度学习的研究大多停留在理论层级，结合实践研究的相对较少，关于深度学习理论下的教学法研究更是寥寥无几，深度学习的进一步推广需要可借鉴的教学方法，急需关于深度学习理论下的教学法的研究。

国内深度学习的研究处于起步阶段，理论基础多以引荐优秀的研究为主，深度学习的案例也比较少。如果想推动深度学习在国内的发展，需要在分析国外深度学习实践的基础上，研究国内深度学习实践的情况，总结出适合本土化发展且实施性强的深度学习的教学法。对国内外深度学习的典型案例进行总结归纳，得出深度学习理论的教学法，并从培养目标、课程时间、学习环境、教学策略和评价指标五个维度，对深度学习的教学法进行详细阐述，并对国内学校开展深度学习提出了一些建设性的建议，这对我国进行深度学习的课程改革起到一些借鉴作用。本研究具有一定的前瞻性，可以为后续更深入的研究提供帮助，起到抛砖引玉的作用。

## 三、深度学习教学法的构成

分析了国内外深度学习的典型案例，在此基础之上提出了深度学习的教学法，即在正式环境和非正式环境下，通过课堂教学和网络教学相结合的方式，运用基于探险的学习、基于项目的学习、基于挑战的学习、基于问题的学习和基于启发的学习等教学策略，以培养学生高阶思维与21世纪领导力和沟通能力为目标的教学方法。下面从五个维度对深度学习的教学法进行详细分析：

### （一）培养目标

深度学习的培养目标与国家基础教育培养目标相一致，培养学生的学习能力、实践能力、创新能力，教育学生学会知识技能，学会动手动脑，学会生存生活，学会做人做事，促进学生主动适应社会，开创美好未来。深度学习是整合学校、家庭和社会的学习环境，运用多样化的创新策略培养学生高阶思维和21世纪领导力的学习。

深度学习整合了学校、家庭和社会的学习环境，在多样化的学习环境和信息化的支持下，学生有了更多实践的机会，有利于生活和职业技能的提高，在应用信息技术的支持下，有了更多学习和创新的可能。深度学习的核心是高阶思维的培养，深度解决了传统课程中浅层学习的问题，在传统课程中学生只是达到了对于知识的记忆、理解和应用的层级，并没有充分调动高阶思维。而作为21世纪的学生分析、评价和创造的高阶思维学习才是学习的重点。在整理了高阶思维和21世纪技能的基础之上，提出了深度学习的培养目标：①了解和掌握核心学术内容；②批判性的思考和解决复杂问题；③信息化环境中协同学习工作；④自我导向的个性化学习和创造性学习；⑤公民责任感。

### （二）课程时间

传统课程中一节课的时间大多数在30~50分钟之间，每节课的时间都固定，每节课单独分配给某一单独学科，这就造成了时间的碎片化和学科之间的割裂化。其实在学习过程中，有些学科知识是紧密联系的，有的实践性较强的活动需要一整块的时间，这就涉及深度学习的课程时间重新规划的问题。考虑到国内考试制度的实际问题，建议参考万物简史课程的时间规划。即多学科教师共同探讨深度学习的主题，各个学科教师在课上完成一个主题下各个学科的教学内容，师生、生生可以通过网络进行进一步的探讨和研究深度学习的主题，弥补面对面交流时间不足的问题。在主题活动时间或者集中一个时间段进行主题的实践活动。通过多学科时间整合，在没有改变各学科学时的情况下，各个学科教师整合出主题实践活动时间，加上学校和家庭中的网络学习和协作交流，搭建起新的课程时间体系。

### （三）学习环境

深度学习突破传统教室，是正式学习和非正式学习的结合，通过面对面学习和网络学习，学习发生在学校、家庭和社会。学习环境分为：①学校学习环境。学校学习环境以教室中师生、生生交流学习为主，网络学习辅助教室学习；②家庭学习环境。家庭学习环境主要依靠网络上师生、生生交流学习和学生自定步调的个性化学习为主；③社会学习环境。社会学习环境主要是学生到真实的场景进行参观学习、解决生活中存在的问题，以及到学校合作的企业和教育机构进行实习，将所学知识与将来就业工作相联系，有助于个人专业知识的学习以及职业生涯的规划。

### （四）教学策略

通过分析国内外深度学习的典型案例，提出深度学习最常用的五个教学策略：

1. 以探险的学习为基础

探险学习一种跨学科且涉及一些实地考察和研究的学习。探险学习的主题是几个相关学科内容的交集，探险学习的课程要素与相关学科的核心标准是相吻合的。探险学习主要是在课外的活动中进行，将所学知识运用于实际生活中，解决实际生活中的问题，在活动中培养学生的协作能力和领导能力。以学校学习环境，家庭学习环境，社会学习环境，师生、生生学习为主，网络学习为辅；个性化学习为主，网络协作学习为辅解决实际问题与职业体验学习相辅。

探险学习的设计原则：①自我发现。学习的发生最好基于情感、挑战和必要的支持。②非常棒的想法。探险式学习的教学培育对世界的好奇心。③学习的责任。学习是一个自我发现的过程，也是一个社会性的活动。④同情和关怀。学习在最好的社区发生，这里学生和教师的观点相互尊重和相互信任。⑤成功和失败。如果他们建立信心、承担风险的能力来和应对日益严峻的挑战，所有学生一定会成功。⑥合作和竞争。个人发展和集团化发展是紧密联系的，所以友谊、信任和集体行动的价值是显而易见的。⑦多样性和包容性。多样性和包容性有助于产生好的想法、创造力、解决问题的能力以及对他人的尊重。⑧自然世界。与自然界是直接和尊重的关系刷新着人类的精神和教导复发周期和因果关系的重要思想。⑨孤独与反思。学生和教师需要独处的时间去探索自己的想法，让自己的连接并建立自己的想法。⑩服务和同情。学生和教师是在对他人一系列的服务中成长的。

2. 以项目的学习为基础

学习过程围绕某个具体的学习项目，充分选择和利用最优化的学习资源，在实践体验、内化吸收、探索创新中获得较为完整和具体的知识，形成专门的技能和得到充分发展的学习。传统课程中的项目学习是在单一学科背景下，研究虚拟的问题。传统基于项目的学习包括六个环节：选定项目、制订计划、活动探究、作品制作、成果交流、活动评价。

深度学习中的基于项目的学习是跨学科的，解决真实存在的问题，并为问题提出解决方案。在互联网的支持下，有些基于项目的学习发展为学生自我导向的高度个性化的学习。课堂中教师与学生商讨项目学习计划，教师是辅助的角色，学生是学习的主体，学生可以根据自己的网络学习情况调节项目的实施进度。

学校进行深度学习基于项目的教学策略应该注意的要点包括：①面向全体学生发个性化学习计划，强调学生的需要和兴趣；②根据学生的学习兴趣建立不同的学习社区，社区保持积极向上的气氛；③每个学生的学习空间能够连接网络，进行网上学习；④教师每天为学生辅导项目进度，并且每个指导教师不能超过 20 名学生；⑤学生每天有固定的时间进行阅读学习；⑥当学生在自我导向和基于项目的学习中，为社会奉献时，学生能体验到公民的价值；⑦到公共场所展示项目结果；⑧评估项目由一个以上的成人组成，学生有机会提高产品质量以达到质量标准；⑨测试标准，包括个性化的学习计划的结果和持续性的改进；⑩所有学生为以后的教育、工作和积极的公民做准备。

3. 以挑战的学习为基础

以挑战的学习为基础是一种多学科教学方式和学习方式，鼓励学生利用他们日常生活中的技术来解决真实世界的问题。在基于挑战的学习中信息技术起到了关键的支撑作用，通过网络，将世界各地的人类联系到一起。在学习的过程中，学生不仅仅是信息的消费者，而且还是信息的生产者。

第一步：提出关键信息。内容包括：关键性问题、指导性问题。

第二步：建立解决方案的基础。在第二阶段的过程中，学生确定指导性问题，并确定资源和活动来回答他们的问题。提醒他们，他们有很多选择的指导性活动和资源：他们可以使用互联网、学校或公共图书馆、他们的社交网络或亲自采访当地专家或通过网络联系分布在世界各地的专家。

第三步：确定一个解决方案。经深入研究指导性的问题，现在的学生有一个坚实的基础确定各种可能性的解决方案。然后，他们应该通过实验来确定一个解决方案或其他方式的解决方案。接下来，他们深入研究并进行记录，制订方案的实施计划。团队的每个人都应该为这一方案负有责任，考虑相关时间、如何成功的测量等。这些所有的决定组织成一个工作计划。与此同时，学生们开始计划如何实施计划和收集反馈信息。

第四步：实施和评估。在确定他们的解决方案后，学生将实施他们的解决方案和测量结果，这决定了他们的方案是否在应对挑战方面取得了进展。当执行完成后，学生与世界其他国家分享他们的工作。

第五步：公布结果和反映。在整个项目中，学生通过音频、视频和图片记录他们的经验。3~5 分钟的视频应包括挑战的描述、简要的学习过程、解决方案和实施的结果。

4. 以问题的学习基础

以问题的学习基础是指一种让学生通过不一定有正确答案的真实性问题而获取知识的教学，是由理解和解决问题的活动构成的一种教学策略。网络环境下以问题的学习基础的设计模型，要求学生从研究专业的角度进行实践。学生在研究问题时，教师应该提供必要的学术支架，以确保学生从事的研究是无障碍且具有挑战性的。在学习过程中，要注意收集学生的学习资料，包括学生探究的问题、研究笔记、批判性思维活动和反思记录，这是学生在解决问题过程中元认知思考的记录。

5. 以启发的学习基础

以启发的学习基础源于孔子“不愤不启，不悱不发”的教育理念。以启发的学习基础一般是在传统课堂中进行，研究的内容一般以课本知识为主。基于启发的学习在激发原有知识的基础之上，调动学生积极性，用启发诱导办法传授知识、培养学生分析、评价和创造的思维，使学生积极主动地进行深度的学习。相对于以上几种深度学习的教学策略，对国内目前的实际情况而言，是深度学习最实用的一种教学策略。基于启发的学习教学策略应用时应该注意的内容包括：①激发学生对于原有知识的认知，提高学生的学习兴趣；②通过提问，不断激励学生对问题进行思考并提出自己的见解；③在师生互动、生生互动的时候，培养学生用批判的思维去评价他人观点，进行取长补短，并不断提出创新点；④教师要把控好教学节奏，在适当的时候“启”和“发”。

### （五）评价指标与学习建议

深度学习最本质的特征是高阶思维的培养，而高阶思维中分析、评价和创造对于某知识，学生有认知基础，教师提问，引导学生思考学生分析、思考学生遇到问题时，教师适度启发学生分析、评价和创造很难通过考试成绩体现。深度学习更加注重形成性评价和总结性评价相结合的方式。在进行深度学习的过程中，应该注意收集学生的学习资料形成学生档案，更好地支持形成性评价。

深度学习在国内起步较晚，发展较慢。深度学习可以培养学生高阶思维以及 21 世纪的领导力和交流能力。在不断变化的国际关系以及各种挑战的情况下，学生深度学习变得越来越重要。国内深度学习的发展需要政府、学校、教师和学生共同改变，以适应教育的变革与发展。

1. 以政府层面而言

政府掌握着教育改革的顶层设计，应该重视深度学习并大力支持其发展，可以从以下方面支持深度学习：

（1）打破传统的单一分数考核制度，将学生综合素质纳入考核指标。将学生高阶思维和 21 世纪领导力转化为可测量、可评估、可分析的形成性评价和总结性评价，纳入普通中学生综合素质评价。建立统一的普通中学生综合素质评价信息管理系统，建立和完善监督保障措施。建立信息审核、信誉等级制度、公示与举报投诉制度，确保公开公平公正。

（2）打破传统固化的课时分配，把更多课时规划的权利下放到学校。学校有权利在完成教学任务的前提下，依据不同的资源以及优势条件开展多样化、特色的课程和实践活动，给学生更多个性化选择的空间。

（3）政府引导学校打破围墙，将更多研究调查、社会调查、科技活动和拓展课程等社会实践活动纳入学生综合素质考察的指标，将学校、家庭、社会有机整合，形成一个更大更多样化的教育圈。

（4）政府应该加大学校信息化投入，特别是贫困山区和边远地区的学校信息化。建立健全的学校信息化平台，更好地支持学生网络学习和个性化学习。

（5）政府应该加大教师专业发展支持力度，建立与深度学习改革相吻合的教师专业发展路径，营造良好的学术氛围。

2. 以学校层面而言

学校作为学生学习的主要场所，是深度学习改革的实践基地，学校层面的改革对于深度学习的发展起到重要的作用。学校应该从以下方面支持深度学习：①学校应该重视普通中学生综合素质评价，利用信息管理系统导入客观数据，真实反映学生的发展状况；②打破传统的割裂学科教学，将有关联的学科进行整合，形成跨学科学习；③打破传统碎片化课时安排，将课时进行重新组织，支持学生社会实践活动；④打破学校的围墙，加大学校与家庭和社会的联系，给学生提供更多与社会交流的机会，将学生所学知识运用到实际生活中，利于学生自我反思和进行职业规划；⑤加速学校信息化进程，彰显学校特色，与其他学校结合形成教育共同体，形成优势互补的发展态势，更好地支持网络学习和个性化学习；⑥为教师专业发展营造良好的氛围，加大教师深度学习的培训力度。

3. 以教师层面而言

教师作为教育的一线工作者，是深度学习改革的实践者，支持深度学习方法包括：①重塑教师角色，明确学生是学习的主体，教师辅助学生学习；②打破单一学科教学的理念，进行多学科融合学习；③打破传统课堂学习，将学习的范围扩展到学校、家庭和社会，形成大教育观；④提高自身信息化素养，支持学生进行网络学习和交流；⑤勇于尝试新的教学策略，支持学生进行个性化学习和创造性学习；⑥重视学生的形成性评价和总结性评价，注意收集学生的学习资料，普通中学生综合素质评价；⑦不断提高自身的专业化素养，形成教师之间的学习共同体，营造良好学术氛围。

4. 以学生层面而言

学生是深度学习的主体，学生对于深度学习的认识以及对自身的认识决定了深度学习的实践情况。学生应进行的深度学习包括：①学生应该重视并了解普通中学生综合素质评价指标。了解自身的特点和兴趣爱好，根据自己的特长加入学习型社区，更好发挥自身优势，彰显个性。②学习过程中注重自身探究能力、交流能力、判断能力、表达能力和创新能力等能力的培养。积极参与学校和社区的社会实践活动，扩大自身学习的深度和广度。③提高自身的信息化素养，通过网络进行协作学习和个性化的学习，建立自己的学习社区，扩大自身的交际圈。④加强自我管理能力和社会责任感。在网络学习时，能够自我约束和控制，调节自身的学习进度。在社会实践活动中，有强烈的公民意识，保持高度的社会责任感。

## 第三节　基于虚拟现实技术的深度学习场域探析

21 世纪以来，学生的学习方式逐渐向信息化、数字化、智能化发展。在常态化教学中，信息技术在教学中的应用停留在呈现事实、创设情境与提供示范等层面，缺乏较高层次的原理解释与设疑思辨的应用，因此，学生的学习多停留在浅层阶段。面对学习中存在的效率低下、浅层化等问题，如何实现深度学习，成为教育问题解决的有效探寻方向。学习作为一种隐性的空间，运行逻辑符合社会学中的场域内涵，学习场域是学生、教师与资源之间的关系网络。将学习纳入场域范畴进行研究，对观察、理解和深入分析教育现象具有重要的本体论与方法论意义。

深度学习场域的构建成为实现学生深度学习的显性目标，在新时代背景下，学习场域的构建技术发生了很大的改变，在中国基础教育的教育技术重要发展方面，自适应学习技术、智能评分技术、虚拟及远程实验室、可穿戴技术被认为在未来四到五年间可能有重大突破。虚拟现实技术为深度学习场域的构建提供了丰富、有效的学习资源，可以构建出以学生为主体，以虚拟现实场景、教师、系统开发师、辅助者为组成部分的关系网络，帮助学生实现深度学习。虽然虚拟现实技术在教育领域的应用中有着较大的优势，但目前虚拟现实技术在基础教育中的应用多集中于单一场景的构建、单一课程的设计，缺乏可供参考的融合指导与可供直接迁移应用的融合策略。

## 一、虚拟现实技术的主要功能

虚拟现实技术在教学中是作为技术媒体使用的，其技术功能是塑造其所支持学习特征的重要因素。虚拟现实技术可以生成一种模拟环境，利用各类传感设备将用户投放到该环境中，实现用户与模拟环境的自然交互。虚拟现实技术主要有三类功能：

第一，感官模拟。虚拟现实技术可以将人所身处真实环境中的真实感官刺激模拟甚至放大，使用户能够获得听觉、视觉、触觉、力觉等多重感知。目前，虚拟现实技术的感官模拟主要集中在视觉、听觉、触觉，从技术承载设备方面分析，虚拟现实技术主要有可穿戴设备、模拟舱两种发展方向。虚拟现实技术的一大发展方向是模拟出人具备的所有感知功能。

第二，造物创世。在创世与造物方面，视频技术已经向人们展现了一定的风采，影视将真实世界与虚拟世界用平面或三维叠加的方式呈现出来，而虚拟现实技术则在此基础上更加凸显出了再现与具象化的魅力。虚拟现实技术可以模拟真实与设想，跨越时间、空间障碍，将过去与未来、宏观与微观、远方与近处等带到眼前。

第三，交互与反馈。虚拟现实技术不仅模拟了感官和存在，还模拟了发展，将用户投放到模拟世界中，用户可以对这个模拟世界产生作用，同时，模拟世界也会根据用户的作用进行发展，为用户提供类自然的反馈。结合虚拟现实技术的功能特征，分析虚拟现实技术支持的学习（VR 学习）的特征，主要集中在交互与体验两个关键词上。有别于课本知识的一维形式、视频知识的二维形式，虚拟现实技术支持的知识形式是三维立体的。学生在虚拟现实场景中的学习行为是以体验为主的，强调学生的直接经验。因此，在虚拟现实学习情境的开发中，必须将学生的兴趣作为首要考虑因素。

在虚拟现实技术创造的学习空间中，学生视角一般有两种分类：①主人公视角的参与式体验。该类教学场景中，强调学生的主观能动性与自主性。学生是主人公，虚拟现实场景会随着学生的移动产生生成性的变化，注重学生与虚拟世界的自然交互。②旁观者视角的跟随式体验。在此类教学场景中，比较重视场景的逻辑性发展与知识讲解。学生以旅游者的身份观摩、旁观世界的发展。

## 二、深度学习场域模型的构建

学习场域是学生与学习资源间的一种关系网络，深度学习场域则强调了学生与学习资源的深度交互，目的是实现深度学习。相对于浅层学习场域而言，深度学习的场域表现出的特性包括：①具有更高的学习目标、思维层次，更强的学习动机以及更加独立的学习空间；②学生学习的主动性更强，与场景的交互性更高，更加注重学生间的协作能力；③更注重学习反思，强调文化资本的高利用率；④更注重学习效果，强调学生的意义建构。

深度学习与浅层学习的根本区别在学生获取与加工信息的方式上。与浅层学习不同的是，深度学习强调了学习行为的高投入性与复杂性，追求学习的高目标层次要创新、评价与分析。因此，在设计的深度学习场域模型中，将教师监督纳入模型中。

以问题情境为切入点，采用案例分析方法，分析基于问题情境的交互活动，指出问题情境引发的五个交互层次，即信息交流层次、问题把握层次、问题解决层次、学习与创新层次、意义建构与再创新层次。基于虚拟现实的深度学习场域构建提供了以下指导：①虚拟现实技术构建的学习场域应该能够模拟知识的发生情境，借助直接经验与间接经验，充分调动学生的多种感官刺激，促进学习的有效发生；②基于虚拟现实技术的深度学习场域，应该注重学生的反思，可以借助虚拟学习辅助工具设置合理的问题情境，激发学生进行反思；③基于虚拟现实技术的深度学习场域主要构件，应该包括情境、交互、体验及反思，其中，情境是学习场域的核心。

将情境、交互、体验与反思作为深度学习场域建构的核心构件。以虚拟现实技术支持的学习特征分析为基础，结合学习场域的相关理念，提出一种基于虚拟现实技术的深度学习场域构建模型，该模型如下：

### （一）学习场域模型的灵魂支持系统

学生作为学习活动的主体，是基于虚拟现实深度学习场域最内核的部分。建立基于虚拟现实的深度学习场域，必须以学生的需求作为根本出发点。教师既是学习活动的设计者，也是学生学习的指导者与评价者，教师是整个场域中不可缺少的调配师。技术人员是虚拟现实产品的开发者，是场域物理平台的制作者。教师与学生是虚拟现实教学系统的使用者，技术人员是虚拟现实学习系统的制作者，两者之间存在供需关系。师生与技术人员之间存在一定的知识障壁，如何将师生的教学需求转化为软件开发需求是虚拟现实场景学习场域的第一道门槛，这里的需求转化工具可以是人员，也可以是一套标准。学生、教师、技术人员以及需求转化工具是学习场域模型的灵魂，四者之间应该协调互助、共同努力。

### （二）以需求转化工具设计为中心的场域活动

学生的学习投入直接影响到学生的学习效果。学习投入包括行为、情绪和认知等三个独立维度。学习内在情感投入对学习成绩产生直接的正向预测作用，外在情感投入通过内在情感投入的中介作用对学习成绩产生间接的预测作用。学生的学习投入程度是评价场域活泼度、生动度的重要指标，是一个学习场域良性发展的重要因素。沉浸式虚拟现实技术营造了一个虚拟空间，学生在该虚拟空间中探索、产生学习行为。

为了掌握学生的学习情况，教师被赋予了新职责，具化为两种化身：①以虚拟人物、角色为外衣的虚拟化身，通过局域网多人联机的方式，将教师、学生、学习同伴等纳入场景中；②以数据库技术为支持的上帝视角，虚拟现实系统的评价模块是教师化身的一部分，承担起教学评价职责。另外，教师不仅需要对学生的学习行为进行监督，还需要对开发人员的开发行为进行监督，改善学生与场域基础平台的适配性。同时，帮助学生更快地适应虚拟现实深度学习场域，找到合适的学习方式。

教师与技术人员之间的关系是教学设计与产品开发的关系。教师与开发人员之间的合作，是建立在教学需求与产品设计转化基础上的。人员作为需求转化工具有两种模式：①教师承担教学产品设计职责。教师需要对虚拟现实产品有一定的了解，根据自己的教学计划，提出详细的产品设计需求。②技术人员承担教学产品设计职责。技术人员对教学有一定的了解，教师只需要提出教学产品的基本功能需求，技术人员根据教师基本的功能需求，结合教学计划、教材等，设计开发出虚拟现实教学产品，在这种情况下，设计人员的设计水平及对教学的理解水平直接影响到学习场域的应用效果。另外，需求转化工具可以是一套标准工具或中介人员，对教学与虚拟现实技术具有较深入了解的人员承担需求转化职责或者制定一套需求工具，教师可以很明晰地说明自己的需求，虚拟现实技术人员也可以很清楚地理解这份需求文档。

### （三）基于核心的学习空间塔

1. 情境的作用

情境属于深度学习场域中的显在场域，是依托虚拟现实技术构建的集视觉、听觉、补充嗅觉与触觉在内的多感官体验式学习空间。在该阶段，需要结合学习内容、学生特征与学习目的，设计虚拟现实学习情境。

该阶段的设计工作与交互、体验、反思过程是一个统一的过程，应该通过系统化的分析，确定学习情境的设计思路与策略，创设出适宜性、可扩展性与创新性的学习情境。虚拟现实深度学习情境可以按照学生的体验方式，划分为游戏化虚拟情境与真实情境，其中游戏化虚拟情境是指通过体验设计，引导学生借助虚拟自我角色，与场景中的任务、画面、声音、物体等进行互动、感知与操作，进而为学生创造身临其境的感受。真实情境则是与现实生活比较吻合的一种场景，具有较高的整体性，场景与现实生活紧密联系。真实情景中的活动与资源具有较高的真实性，设置的探索问题与现实生活具有一定的联系，能够引导学生进行预测、假设，从而真正解决问题，为后续的学习迁移的发生提供支持。

2. 交互与体验的作用

交互与体验属于虚拟现实深度学习场域中的中间构件，情境需要通过交互作用，激发学生的体验，从而对学生的学习行为施加作用。教学交互作为一种基本的教学事件，其核心是学生的主动学习。在教学交互过程中，可以借助多样化的相互作用，转变学生行为，实现教学目标。交互与体验是一个相统一的过程，交互是学生体验的外在形式，体验是交互的内在本质。体验是学生个体在经历观察、感受、探究等活动，实现认识内省，最终形成生成性的习惯、态度与心理品质。在体验学习中，强调学生进行反思，应用方式也比较多样化，主要包括游戏、试验、角色扮演等。在交互与体验模块中，应该完成的具体任务包括：①设计学生行为预测与引导；②分析学生可能会采取的交互方式与操作策略，设计相关交互环节；③设计应该能够引导学生逐步探索，引发学生的深度学习；④分层次设计需要为学生提供的用户体验；⑤注意确保问题的动态生成性，有效应用虚拟时间带来的实时反馈，创造出适应性的模块进阶，为学生提供浸入式的交互与直观性的体验。

3. 反思的作用

反思主要包括学习过程、结果、环境与动机等多种内容，属于深度学习的必要条件。反思本质上是为了改善学生的元认知能力，引导学生对问题进行深度挖掘，从而实现对问题本质的深刻思考，得到科学的认知结论。虚拟现实技术为学生提供的多感官刺激，可以从多种通道激发知识与经验，有效利用学习过程与学习成果的相关关系，促进学生深化学习。

### （四）多元一体的评价体系

学生在基于虚拟现实的深度学习场域中的探索，主要划分为四个阶段：①学习适应，即对虚拟现实支持的新型学习方式的适应性学习；②意义建构，即对探索所得的知识进行自主建构；③问题解决与策略形成，即在场域探索过程中，逐步形成问题的解决策略；④学习迁移，将解决问题后获得的知识与策略迁移到现实情境或者其他学习情境中，内化为自己的知识结构与能力结构。学生在不同的探索阶段中，需要对自己的行为表现进行自我评价，结合教师及学习分析给出的评价结果，对自己的学习行为进行调整。

技术人员的形成性评价主要是对虚拟现实系统的设计、开发过程进行形成性评价。设计任务主要包括：①虚拟现实场景设计，即根据教学内容，设计虚拟现实场景；②学习行为预测与引导设计，即分析学生可能发生的行为，设计情节，引导学生的学习行为；③学习体验设计，即设计相关情节、情境，为学生提供丰富的学习体验；④学习评价与反馈设计，即设计学习评价方式，引导学生进行反思，设计为学生提供的反馈信息。技术人员应该根据设计进行教学产品开发，并对产品的实用度、满意度、易用性等进行形成性评价与优化。

学习分析是建立在学习目标的基础之上的，需要借助观察、调查、实证等多种研究方法，对学生的过程性学习进行分析，从而形成价值性判断。学习分析是贯穿模型内部的一个模块，是对学生各模块学习行为的有效记录与分析，是学生自我评价与模块设计的重要支持。学习分析应该是在线的、实时的，为模块设计的改进与学生的学习行为评价提供数据资料。

## 三、深度学习场域中虚拟现实技术的应用

虚拟现实技术构建的深度学习场域模型，在学生的学习迁移与意义建构中具有重要的应用意义。教育工作者应该在教学活动过程中充分利用虚拟现实技术，不断促进学生学习环境与学习方式的创新，同时，应该注意利用深度学习场域构建有效策略，有效控制认知负荷，避免冗余效应等。虚拟现实技术支持的深度学习，需要加大对反思与总结环节的重视，从问题出发，激发学生注意到行为关键点，从而抽取规律，改善思维层次，达到深度学习的目的。深度学习场域模型为虚拟现实在教学领域中的应用提供了有效的支撑和指

导，结合有效策略能够最大限度上改善学生与场域的深度交互，提升学生的学习体验，促进深度学习的发生。

第一，设置故事情境，激发学生的学习动机。在深度学习中，强调学生的主动性。在虚拟现实技术的应用中，需要设置良好的问题情境。同时，应该注意为学生提供足够而不过量的感官刺激，避免干扰到学生的思维过程，产生负面影响。虚拟场景与情节设置，应该根据 ARCS 动机激励模型，引起学生注意，设置情境应该与学习目标具有较高的相关性，注意培养学生的自信心，引导学生正确归因，提高学生对虚拟场景的自我效能感与满意度。

第二，给予策略引导，支持学生主动意义建构。深度学习作为一种学习的深层次阶段，需要符合先行组织者策略，应该与学生原有的知识结构相链接。虚拟现实技术构造的虚拟情境中，通过给学生提供策略或者知识指导，引导学生建立正确的心理表征，进而促进学生进行主动意义建构，到达最近发展区。

在虚拟现实情境中，设置相关提示问题，建设引导性情境，有助于促进学习迁移。在虚拟现实系统的应用过程中，需要在恰当时机呈现提示问题，激发学生进行更深一步的意义抽象思考，获得去背景化的知识，在潜移默化中实现学习迁移。

第三，结合交互层次，强化学生的认知加工。在学生的认知加工过程中，需要重点分析注意与知觉。深度学习支持自上而下的建构知觉形式。在注意呈现环节中，虚拟现实技术建构的学习场域应该考虑注意的选择性问题。而在知觉的刺激环节中，虚拟现实场景应该注意结合建构知觉策略，减少学生的认知负荷，促进知识的有意义建构。另外，需要根据交互层次，促进认知的深度加工，通过概念交互与体验，引导学生从深度学习场域中迅速提取相关信息，促进概念与知识的迁移与建构。

# 第二章　深度学习的理论依据及其场域构建

## 第一节　深度学习的特征

深度学习与浅层学习在记忆方式、知识体系、关注焦点及学生的学习动机、学习投入程度、学习中的反思状态、思维层次和学习结果的迁移能力等方面皆有明显的差异。深度学习具有的特征包括：

第一，深度学习注重批判理解。深度学习是在理解基础上的批判性学习，要求学生对任何事保持一种批判或怀疑的态度，批判性地看待新知识并深入思考，从而加深对深层知识和复杂概念的理解。深度学习强调信息整合。这种整合首先是多学科知识和多渠道信息的整合。此外，深度学习所强调的整合还包括新旧知识和信息的整合，它提倡将新信息与已知概念和原理联系起来，整合到原有的认知结构中，从而引起对新知识信息的理解、长期保持及迁移应用。而浅层学习将信息看成是孤立的、无联系的单元来接受和记忆，不能促进对信息和知识的理解和长期保持。

第二，深度学习促进知识建构。在知识经济时代背景下，学生不仅要能够从信息的海洋中获取到有用的信息，更要能够将信息转化为知识，并把新知识与已有知识经验联系起来，在已有知识结构的基础上建构新知识。深度学习着意迁移运用。深度学习要求学生对学习情境的深入理解，对关键要素的判断和把握，可以在相似情境“举一反三”，也能在新情境中分析判断差异并将原则思路迁移运用。如不能将知识运用到新情境中来解决问题，那么学生的学习就只是简单的复制、机械的记忆、肤浅的理解，仍停留在浅层学习的水平上。

第三，深度学习面向问题解决。学习的一个重要目的是解决现实面对的复杂问题，深度学习要求学生必须面对并能够解决实际问题，否则学习的结果很难外显地证明，实际上所面对和需要解决问题的复杂程度，一定意义上正是学习深度的体现和要求。深度学习提倡主动终身。深度学生为了满足自身发展的需要，会积极、主动地去学习知识技能。而浅层学生只是为了完成任务，而消极、被动地接收信息。此外，由于知识更新速度不断加快，终身学习已成为保持个人竞争力的唯一途径，学生自身对学习的深度也有了更高的要求。

## 第二节　深度学习的发生过程、机理与模型设计

### 一、深度学习发生的认知心理

#### （一）图式认知

图式是一种对概念、命题和表象等表征方式进行综合的表征方法，是指有组织的知识结构，用以组织零散的刺激、信息和数据及其关系并形成认知结构。图式包括个人图式、自我图式、团体图式、角色图式和事件图式等，分别表示不同主体或客体的认知结构。思维导图是图式可视化的有效工具。图式认知结构的复杂程度可以作为学生学习深度的重要且有效的表征方式之一。

#### （二）格式塔心理学

格式塔心理学的中心概念是“格式塔”，在一个格式塔中，各组成部分相互作用达到这种程度，即整体的变化能影响部分的性质，反之亦然。

格式塔强调的是事物的“形”，尤其是作为整体的“形”，但这个整体的形，不是指作为“客体”的本身性质，而是格式塔心理学中所说的“由知觉活动组织成的经验中的整体”。

格式塔中的形，是知觉进行了积极组织或建构的结果或功能，而不是客体本身就有的；是客观对象经由知觉积极组织、构建而成的经验中的整体，是主客体相统一的产物；是由客体形式所唤起的由主体知觉积极组织、构建而成的经验中的新的对象整体。所以，格式塔不是艺术理论中笼统的“形式”，也不是物体的“形状”，而是知觉经验中的“完形”。

“完形心理学”认为，人们的知觉中存在着一种先天倾向，即想立刻把对象把握为整

体，而不是从感觉的碎片中经过整合才把握到完整的对象。可见，格式塔心理学的理解与图式理论有异曲同工之妙，“完形”均是指知觉进行了积极构建的整体，即认知结构。

在深度学习的方式（PCL）和学习内容（4S）及其重构策略的设计中，充分考虑了格式塔心理学所强调的“完形”，这种“完形”本身也是对图式理论的回应。

### （三）认知负荷理论

认知加工最主要的因素是认知负荷，是指个体在对待某种工作、作业或任务的过程中，个体所感受到心智负荷与心智努力的负载状态。其包含三个假设：①人类信息加工系统由视觉和听觉两个通道构成，信息在双通道中选择，并呈送到短时记忆中；②短时记忆（工作记忆）的信息容量是有限的，有意义学习必须在短时记忆中进行大量认知加工；③加工后的信息被送到长时记忆，长时记忆的容量几乎是无限的。可见，短时记忆即工作记忆，工作记忆处理信息的单位数量是有限的，但人们可以通过扩大每个单位所包含的信息量达到“扩容”的目的。

扩容的最基本方法就是采用“结构”形式，合理有效地组织必要的关联信息，成为“组块”，即图式表征，使之有可能让过多的独立信息浓缩进组块而进入工作记忆，即通过图式表征资源，减小相同知识量的认知负荷。在探索性实验中，研究发现了技术给学习所带来的认知负荷，因此在后面的两个验证性实验中，研究对深度学习的内容和方式的设计一直在努力减小学生的认知负荷，以期促进学生达到深度学习。

### （四）ACT-R 理论

ACT-R 理论从简单的认知活动出发解释人类复杂的学习过程，而且通常以数学学习为其研究对象，为人类的认知活动提供了“重要的新见解”，主要包括三个方面：①它是基于产生式系统的认知理论，可以从一个简单的心理系统出发构建出认知行为的全部特征；②它可以通过信息加工来预测人类行为；③它成功地为高水平的认知现象建立了模型，包括工作记忆、科学推理、技能获得和人际交互。

该理论基于三个简单的二分法展开：①两类知识，包括陈述性知识和程序性知识；②两个假设，包括如何运用已有知识去解决问题的操作假设和如何获得新知识的学习假设；③两个水平，包括有关离散知识结构的符号水平和有关神经系统激活过程的亚符号水平，这一水平决定符号结构的可用状态。其中，“两类知识”用于描述个体已有的认知结构，这是学习与问题解决的基础；“两个假设”用于描述两类知识的获得与迁移，这是学习与问题解决的过程；“两个水平”用于描述学习与问题解决的效率。

ACT-R 理论的认知过程做了进一步的分析，具体包含五个阶段：①陈述性知识（信息块）进入记忆系统。这一过程为程序性知识（产生式）的触发进行积累，两类知识之间是可以动态转化的，反映了人类个体的学习过程。②构建等级目标结构。在产生式系统的多个等级目标结构中，每一时刻有且只有一个目标被激活，以保证对问题解决行为的指向作用，并通过知识编辑使学习结构化。③应用“弱方法”初步解决问题。④借助于知识编辑形成产生式系统，并提供变式练习，使其“自动化”。⑤形成有效“图式”，提高问题解决效率，形成办事能力与专家知识。

### （五）APOS 理论

APOS 理论是反思性抽象的扩展，其基本假设是，知识是个体在解决所感知到的数学问题的过程中获得的。在这个过程中，个体依序建构了心理活动、程序和对象，最终组织成图式结构，具体阐释包括：①“活动”指个体通过一步步外显性指令去变换一个个客观的学习内容，当“活动”经过多次重复后内化为“程序”的心理操作，有了这种“程序”，个体就可以想象这种“活动”，而不再需要外部刺激。这一过程即是陈述性知识转化为程序性知识的过程，即信息块内化为产生式。②个体能够把“程序”作为一个整体进行操作时，这个程序就变成了一种心理“对象”。“程序”转化为“对象”的过程实际经历构建目标等级结构、使用“弱方法”初步解决问题、运用变式练习形成“自动化”等学习过程。③“活动”“程序”“对象”是学习过程的三种状态，三者的关联形成了“图式”。

## 二、S-ACIG 认知过程解析与设计模型构建

### （一）S-ACIG 认知过程解析

第一，图式构建。贯穿学习的全过程，每个阶段有不同的表现方式与功能，其主要目的是减少认知负荷，促进学生认知结构的个性化深度构建。

第二，ACT-R 理论和 APOS 理论。从不同角度和阶段对认知过程进行了解读，没有本质差异，清楚地描述了学习深度进入的认知过程。构建了 S-ACIG 深度学习认知模式。具体阐释包括：①S-图式（Schema），表示深度学习的认知过程是图式的构建过程。②A-觉知（Awareness），是学习的入口，学生通过各类活动将陈述性知识进入记忆系统，是理解

所感受到的现象的心理过程。③C-调和（Coordination），学生构建问题的等级目标结构，进行层层剖析，并可以用“弱方法”初步解决问题，如在面对问题时可把已有的问题解决方案拿出来进行类别，判断是否可以借用。这是对两个或多个程序进行协调的过程。④I-归纳（In-duction），学生在调和的基础上，进行知识编辑，包含陈述性知识向程序性知识转化的程序化过程、一系列产生式合成为“产生式系统”或“对象”的合成过程、增加变式练习和应用而逐步走向自动化的强化过程。⑤G-迁移（Generalization），学生在不同的情境中进行问题解决，从而形成有效图式，提高问题解决效率，形成“专家知识”，同时在不同的情境迁移过程中不断修正和改良已有图式。

### （二）S-ACIG 深度学习设计模型的建立

基于对深度学习认知过程的解析，依据实证研究中的操作范式，本研究以“认知过程”为主线索，将“学习内容”“教学行为”“学习资源”及其对应关系进行统合，构建了 S-ACIG 深度学习设计模型，其中学习内容维度为“4S”学习内容，按照认知的过程，从六个方面进行阐释：

第一，认知过程。认知过程是图式构建的全过程，每个阶段指向不同的学习内容、学习方式和资源表征形式，具有不同的功能。

第二，觉知阶段。觉知阶段是学习的入口，即学生通过 PCL 活动参与、感知、体验和理解学习内容的过程。在这一阶段，主要学习“4S”内容中的“SK 内容”，采用集体传递、个性化学习方式，应用知识呈现、课件演示、内容类比等形式的数字化学习资源，强调陈述性知识的记忆与理解。

第三，调和阶段。主要在内化的基础上进行，学生在这一阶段会产生多种理解、疑惑甚至误解，需要对多种认知进行选择、重组和反思，进而开始构建自己的认知结构。在这一阶段，为了选择、重组和反思等认知环节的有效性，采用组内外交互的学习方式；为了保证这一方式的顺利进行，主要学习“SK”“KS”“SS”内容，其中以“SK”为载体，促进学生协作、讨论、批判等深度学习品质的主动构建与发展；资源主要采用“辐射式交互”表征，促进学生在抛锚式教学为中心的基础上，有效进行讨论、头脑风暴、情境表演等活动的开展。

第四，归纳阶段主要对调和阶段逐渐统一的认知进行反思和整理，这一阶段具有两项功能：①形成合理的认知结构；②在科学认知结构基础上融合和选择不同策略去解决同一个问题，从而形成最优路径，为达到“自动化”做准备。因此，其学习内容主要是

"CS"，帮助学生开始有意识地构建认知结构，采用"聚合式交互"资源。

第五，迁移阶段。逐渐形成稳定的图式，并能迁移到不同的情境和问题解决中去，同时在这一过程中会不断修正和改良已有图式。这一阶段的资源主要是提供"问题情境"，学生通过综合应用的方式进行变式训练，从而提高问题解决能力，进而培养设计和创造性思维。

认知的四个阶段在图中实线的经典发展过程中，每一个阶段根据学生个体学习诊断和反馈情况，可以根据虚线路径返回和循环。这也体现了"个性化-合作"学习（Personalized-Cooperative Learning，PCL）的优越性和可操作性。

## 三、深度学习的机理模型

机理是指为实现某一特定功能，在一定的系统结构中各要素的内在工作方式以及诸要素在一定环境条件下相互联系、相互作用的运行规则和原理。本研究中，深度学习产生的机理主要指，技术促进小学数学深度学习课堂中学生、教师、学习内容、学习环境、学习技术等要素的相互关系、作用与运行原理。为此，按照教育技术学新型 CTCL 研究范式对深度学习研究过程进行梳理，在此基础上构建了深度学习的产生机理模型，并对模型进行了理论阐释。

### （一）深度学习的机理理论和发现

深度学习（数学）发生的机理是"分布式交互中数形转化"。分布式强调认知现象存在于认知主体内部及与外部环境的交互中，包括认知过程中参与认知的所有单元，具体阐释如下：

第一，表征——认知在媒介中转化。认知通过媒介间传递表征，实现数形转化。这种转化表征为生活（树、路程、商品等实物）与植树、路程、销售等问题之间的关系，表现为用数据计算（图表、算术、方程）解决路程远近、价钱高低的判断。

第二，交互——认知在活动中转化。认知通过活动交互促进感知、理解、分析和综合，实现数形转化。学生个体思维活跃、风格迥异，表现出形象与抽象、辐射与聚合、场独立与场依存、语言丰富与思维内敛等不同的分类方式与思维特征。这意味着需要在交互活动中取长补短、相互促进。数学抽象思维较强者可以通过算术表征帮助形象思维者转化；反之，帮助其描述现实问题。语言丰富者可以帮助内敛者厘清数学过程；反之，帮助其深度理解。

第三，调适——认知在时间中转化。认知通过时间流淌不断调适个体与共同体对数形转化的感知。时间横向分布于个体特有的时间维度上，纵向分布于个体的过去、现在和未来。在时间线上，个体与共同体之间通过媒介、活动及其他生活经验不断实现纵向与横向的碰撞、交互与改变，最终实现数形转化的深度理解与问题解决。

第四，建构——认知在个体内转化。认知通过建构实现个体内的数形转化。数据、信息、知识和智慧是个体思维发展的过程，其在头脑中是非均匀分布的。认知科学和认知神经科学中的一种重要的理论——模块说，支持这一观点。个体通过上述资源、活动与时间的作用，结合自己的成长与学习经验，建构起自己的知识结构。

第五，生成——认知在文化上转化。过程中多个个体构成共同体在数形转化中生成新的数学文化与学习文化，包含规范、模式化的信念、价值、符号、工具等人们所共享的东西，如化现实问题为数学模型的数形转化文化，思维严谨、逻辑清楚的学习文化等。文化以间接方式影响着学生的数学学习及认知过程，学习共同体所形成的新的学习文化将在后续影响着学生个体的进一步发展。

### （二）深度学习的运行机理

深度学习（数学）运行机理是一个立体模型，为了直观呈现，将其纵向剖开，可以从横、纵两个维度来分析，具体阐释如下：

第一，从横截面而言，包括学生、技术和文化三个同心圆：①最外围的圆是文化，代表习惯、信仰、机制、氛围（校风、学风）等，超越了特定的学习与工作情境，却影响整个学习共同体的运行；②中间的圆是技术，包含学习场域、资源和活动等；③最核心的圆是学生，一方面是指个体带到本地学习场域中的认知与经验，另一方面是指学生的发展是研究的核心。三者分别体现出学习力、技术力和文化力，在学习共同体中相互依赖，相互作用。学生的认知是在与同伴、教师及共同体文化圈的交往中形成的，受共同体所提供的资源与活动的共同支持，受共同体文化价值的影响。学生带入共同体中的兴趣与经验，则会安排或调整共同体的学习任务并提供相应的资源，文化价值和期望则会受共同体中成员以及成员间交互等而不断生成与发展。

第二，从纵截面而言，主要是一个在文化与技术的支持下的学生个体螺旋上升的过程，具体分析包括：①螺旋上升的过程包含个体、共同体和学习内容三个方面，实则是学生一个主体。个体表现为基于个性化的个体认知，共同体表现为基于合作与交互的分布式认知，本研究中的学习内容表现为数形转化。②分布式认知是一个包括认知主体和环境的系统，是一种包括所有参与认知的事物的新的分析单元，是一种认知活动，是对内部和外部表征的信息加工过程，其存在于个体内、个体间、媒介、环境、文化、社会和时间等之中。

深度学习（数学）运行机理模型强调三个方面，包括：①从学生角度看，强调学生与各要素的适切，充分体现学生中心设计。②从学习方式角度看，强调学习过程中个体、共同体、资源、活动、环境等要素之间的分布式交互；从学习内容角度看，强调数形转化。因此，本研究将数学课堂的深度学习机理归纳为“分布式交互中数形转化”。

## 第三节　深度学习的显在场域构建研究

场域可分为：①显在场域。显在场域通常指物理载体和物理环境。②潜在场域。潜在场域又称“意义场域”，是一种不能被主观感知的虚拟而又事实存在的空间。而“深度学习”显在场域是由学习技术平台、教学资源、教学工具、教学载体、技术及与之相关的物理载体和物理环境所构成的物理空间与物理情境，是实现深度学习的物理基础与条件，是构成“深度学习”教育场域的时空要素。物理情境可以是实物或替代物情境，它以直观形式呈现给学生，让学生能够产生较为真实的感受。

物理情境可以以虚拟形式呈现给学生，如可以利用计算机模拟街道某处不同时间段内各种车辆经过的情境，让学生通过收集、整理、描述所获得的有关车辆信息，并对所获得的信息进行分析、探索，帮助交通部门提供合理的设计方案。物理情境对学生从浅层学习向深度学习的跨越具有非常重要的作用。

物理情境的建构可以充分利用移动互联网、云计算、物联网、大数据、人工智能等为代表的新一代信息技术。教育技术在增加知识的获取渠道和促进学习的手段方面大有前途。新技术的一个重要功能是作为表征工具。表征性思维对于深层理解是重要的，问题表征是区分学科专家与学科新手的众多技能之一。技术在创建有效学习学习环境方面有五种途径：①通过使用录像、演示、模拟和与具体的数据、实践科学家用因特网连接，把真实世界的问题带入课堂；②提供支架支持，可以拓展学生在通向理解路途上所做的实践和推理，支架允许学生参与复杂的认知活动，例如科学直观性学习和基于模型的学习，如果没有技术支持，是很难或者是不可能做到的；③学生有更多的机会获得来自软件导师、教师和同伴的反馈，反思他们自己学习的过程，接受循序渐进式的指导，提高其学习和推理水平；④创建包括教师、管理者、学生、家长和其他有兴趣的学生在内的本地共同体和全球共同体；⑤扩大教师学习的机会。

## 一、深度学习的载体与多媒体工具

### （一）深度学习的载体

1. 项目

基于项目的学习是学习过程围绕某个具体的真实的项目，充分选择和利用最优化的学习资源，在实践体验、内化吸收、探索创新中获得较为完整和具体的知识，形成专门的技能和得到充分发展的学习。基于项目的学习又称项目教学，美国巴克教育研究所将项目教学定义为一套系统的教学方法，是对复杂且真实问题的探究、设计、规划和实施的过程。在这个过程中，学生能够掌握所需要的知识与技能。

项目教学的核心理念强调以学生为主体，以教师为主导，以实际为背景，以项目为媒介，通过项目实施与目标的达成提高学生的综合能力的教学方式。其本质特征是培养学生的创造性，教学内容的综合性、真实性和挑战性，教学过程的实践性、探究性和开放性，学习评价的过程性和多维性，能够把指向模糊的被动学习转变为指向明确的自我提升，促使学生整合相关知识解决工程问题，引导学生针对实际问题进行学习探究，项目教学强调的不是理论的验证和直观的技能，而是面对从未遇到的工程问题，运用所学知识，构建新的知识，在实践中自主探究，在实际训练中迁移应用与创新。因此，项目是深度学习的重要载体。项目具有的特点包括：

（1）项目情境真实具体。按学生的需求选择项目，一般取材于生活与真实企业，学生面对的是真实而具体的项目，便于受到从业能力训练。

（2）创设项目问题情境。项目应包含一系列非良构的、具有一定复杂性和真实性的问题，并尽量让学生参与议定。项目的内容构成一个专题，让学生能够明确自己将要在一个什么样的范围内进行探究、学习。设计的问题具有层次性，能激发不同基础程度学生的学习动机，拓展学生的思维能力、想象力以及自我反思与监控的能力；同时促使学生把信息技术应用到日常的学习和生活实际，甚至间接或直接地参与到社会生产、信息技术革新等各项活动中去。“单元问题”的设计要让学生积极参与，并且要适当留白，不要面面俱到，要给学生的思考和尝试留有余地，能启发他们亲自去尝试和探究，鼓励他们举一反三、触类旁通。

（3）项目内容综合而开放。项目所涉及的问题不论大与小，都是综合和开放的。综合性是因为它融理论知识与实践操作于一个个项目之中，涵盖了多个方面的知识和技能；开放性是因为它不局限于书本，也不局限于某个角度来看问题，它所涉及的问题是活生生的、不断变化发展的，可从多种角度来分析。

（4）项目能培养学生的专业能力与综合能力。项目实践训练所涵盖的知识体系，既有利于学生学习本学科领域的知识，又能吸收前人的文化传承，大胆探索创新，还可以培养学生的专业能力、自学能力、动手能力、研究和分析问题的能力、协作和互助能力、交际和交流能力等。

2. 案例

案例是人类最古老、最自然的意义感知形式，人类历史上积累的经验知识主要是通过故事或案例传承下来的。案例教学是在教师的指导下，根据教学目的要求，组织学生对案例进行调查、阅读、思考、分析、讨论和交流等活动，教给他们分析问题和解决问题的方法或道理，进而提高他们分析问题和解决问题的能力，加深学生对基本原理和概念的理解的一种特定的教学方法。

案例教学是一种引导式、启发式和参与式的教学方法，其本质是理论与实践相结合的互动式教学，可以让学生的主体地位得以体现，使其对掌握知识和提高能力的期盼变得强烈，愿意积极主动地管理知识和运用知识。同时，通过对案例的分析和讨论，学生能发现知识结构上的缺陷和思维方式的不足，学生之间可以相互借鉴、互帮互学。

案例教学是对传统灌输式教学的创新和突破，有利于形成学生自主学习、合作学习、研究性学习、探索性学习和开放性学习，是培养学生综合能力较为理想的教育教学模式，是实现教育教学目标的手段。案例能表征人们解决问题的经验，包括“做什么”“如何做”的策略，承载着复杂问题解决的相关情境和细节信息。它与高度抽象和组织的一般化知识不同，蕴含着丰富的、有价值的经验，案例的特点包括：

（1）典型性。案例的典型性要求紧紧围绕所要传授的核心内容和基本理论选编真正具有代表性的案例，以达到通过案例教学使学生加深理解基本理论的目的。在实际生活中，并不是每一件发生过的事情都具有同等的价值和意义，也不是每一件发生过的事情都会成为案例而留存在人们的记忆中，一个事件或实践活动之所以成为案例知识而被记忆，主要是因为这个事件给予了实践者或经历者某种意义上的启示。因此，选择的案例应是特定领域问题或复杂情境在内的真实发生的典型性事件。

（2）真实性。案例要来源于生活、工作实际，或是对生活、工作实际的筛选和提炼，要让学生有真实感。案例是不能杜撰的，它所反映的是真实发生的事件，是事件的真实再现。案例之所以是典型性事件，是因为它是对以往事件或故事的记录，它描述和存储着人类认知活动过程中静态和动态的知识，人们能够从案例提供的真实故事中说明或诠释类似事件。

（3）叙事性。案例是人们叙事的一种表达方式。叙事是人们将各种经验组织成有现实意义的事件的基本方式。案例是叙述发生在他人或自己身上发生的故事，并展现了故事发生的事件序列、意图和状态。案例被用于解释不幸的事件；被用于理解、解释和指导诊断；被用于教授和学习新的方法；被用于应对不确定的事；被用于更改对问题的看法；被用于警惕失败；被用于提供解决方案；被用于拓宽问题空间；被用于寻找问题起因；被用于阐释某一观点；被用于构建问题解决者的自信；以及被用于预计未来的问题。案例知识是一种重要的信息资源，它是技术人员共享的记忆。在此共享记忆中，他们通常以故事的形式保存和传播鲜为人知的知识。当被唤去解决困难的问题时，技术人员总是被期望来用良好的回忆去应对新的问题情境。对这种故事的良好记忆将会成为一种受技术人员欢迎的“资源”。

（4）情境性。情境性是指知识并非学生头脑中静态的智力结构，而是一个包括人、工具、环境中的其他人以及运用知识的活动在内的认知结构。从知识工程的角度而言，情境知识是通过情境对知识进行表达和组织的知识形式，表现为一种情境化的知识表达和组织方式。

案例知识是人们过去情境的一种反映，它通过故事、事例等形式来描述人们问题解决的真实而复杂的情境，蕴含着人们解决问题时的时间、空间和各种社会环境条件，也反映着人们不断探索，历经多次尝试错误的过程、方法和结果。运用情境化的知识比运用抽象化的知识更容易，可能知道某一抽象知识是适用的，却不知道如何准确地应用它，这一点对于学习是至为关键的。这是因为迁移能力依赖于人们对于过去知识或经验的回忆。

（5）实践性。通过实践获取的知识就是实践知识。实践性是指在课堂教学过程中始终坚持以实践为学习理论知识的出发点和归宿。强调分析与训练，特别是学生在课堂中参与案例的分析。学生主动接触案例来学习知识和技巧，从而有效地培养学生对知识的应用能力和对问题的解决能力。案例知识是一种以实践特征为基础的知识，是与具体情境相关联的，不像学术性或理论性的知识是去情境化的，失去了个人的、隐性的个人特征。

（6）启发性。教学案例要能启发学生积极开动脑筋，运用所学的专业理论知识去发现、分析和解决问题。忽略启发性的案例使得研究和探讨的空间狭小，难以激发学生探索的热情，并限制其学习能力和研究能力的培养。

（7）趣味性。在信息传递极其迅速的当今社会，见诸媒体的翻译案例不胜枚举。引用案例时，应做到具体、生动、有趣，富有幽默感，使之生活化、通俗化，适应学生认知规律和接受水平。只有这样，才能引发兴趣，帮助学生轻松掌握知识。案例载体具有多样性，不仅仅为书面材料，还可包括幻灯片、录音、录像、电影等，在选择案例时，要充分利用各种载体来表现案例，以激发、保持学生的学习兴趣，提高学习积极性和主动性。

3. 实验

实验过程也是学生理解与应用知识，促进知识迁移与创新的过程，实验是深度学习的重要载体之一。实验项目包括以下三大类：

（1）规范型实验。基础规范型实验为检验课程中某单一理论或者原理的验证性实验，或是练习基本实验方法、基本操作技能等的实验，这类实验要求学生熟练掌握，操作技能规范化，是属于浅层次学习范畴。

（2）综合性实验与设计型实验。综合设计型实验是指学生利用多门课程或多个原理及概念，通过一种或多种实验方法实现教师给定的实验目的的实验项目。其中包括了综合性实验和设计性实验。设计性实验可以是实验方案的设计，也可以是系统的分析与设计。学生独立完成从查阅文献、拟订实验方案、实验方法和步骤（或系统的分析与设计）、选择（或自行设计、制作）仪器设备并实际操作运行，以完成实验的全过程，同时形成完整的实验报告，主要培养学生自主学习、自主研究能力和组织能力，综合设计型实验属于深度学习范畴。

（3）研究性与探索性实验。包括对新理论的研究、实验方法、技术和仪器设备的改进和革新、大型软件的开发或二次开发，或者直接参与教师的科研项目等。这类实验要求学生在教师的指导下独立自主地完成，或者在指导教师的研究领域，或者其个人的学科方向进行有目的、有意识的实质性探索与研究活动。其教学目的在于激发学生的创新欲望、培养学生的科学研究兴趣和研究创新能力。

1）研究性实验。研究性实验也是学生早期参加科学研究，教学科研早期结合的一种重要形式。研究性实验项目多由实验室提供。对于本科生而言，他们参与研究性实验重在研究过程，通过研究、思考达到思维能力、动手能力及科研能力的强化训练，在研究过程中获得知识的巩固与更新。在研究性实验教学中，只要他们通过实验，学会思考有所收获，奠定他们将来继续研究或工作的基础。

2）探索性实验。探索性实验一般由学生自行立题、设计并加以实现。从科学研究的角度来定义，探索性实验也可表述为：利用现有条件和成果，以获得发现、提出新的见解、开拓领域、解决现实问题、创造新的事物和对已有的成果做出创造性运用为目的的实验。一般指由学生自行立题、设计并加以实现。研究性实验、探索性实验都属于深度学习范畴。

总之，深度学习显在场域主要是由创客空间、虚拟现实平台、云计算“真实”项目平台等训练平台、深度学习远程交互平台、深度学习教学资源、深度学习工具及以项目、案例、实验等为载体的深度学习要素所构成的物理情境。这些可以是实体性要素，也可以是运用新一代信息技术创建的虚拟性要素，或是虚实结合的要素，是实现深度学习的物理基础与条件，是构成深度学习教育场域的主要时空要素。

### （二）深度学习的多媒体工具

计算机多媒体技术迅速兴起，并逐渐进入课堂，利用多媒体技术对文本、声音、图形、图像、动画等的综合处理及其强大交互式特点编制出的多媒体课件，能充分创造出一个图文并茂、有声有色、生动逼真的深度学习教学环境，为教师教学的顺利实施提供形象的表达工具；能动静结合，化难为易，突出重点；能化抽象为具体，化远为近，化无形为有形；能扩大信息增加教学容量；能超越时空进行人机交流。在课堂教学中，教师利用计算机多媒体进行活泼的课堂教学，可以更好地激发学生的学习热情，发挥学生的想象力和创造力，提高教学效果，最终实现深度学习。

1. 多媒体课件的优化设计原则

制作多媒体课件要把教学观念进行四个转换：教师由讲授者变为学生学习的指导者、组织者；学生由接受者变为主动学生；媒体从演示工具变为学生认知的工具；教学过程从传统的分析讲授转变为学生发现问题、探究问题的过程。为实现这四个转换，多媒体课件的优化设计要遵循三个原则：

第一，教学性原则。多媒体课件设计要有明确的教学目的，每个组成单元都要为本节课具体的教学目标服务；多媒体课件的设计既要以教材内容为基本依据，按照教学大纲的要求确定每个具体的教学目标，又要体现基础性、系统性、实用性和先进性；多媒体课件要有利于节省教学时间，有助于学生解决教学的重点和难点；课件结构采用颗粒化、模块化思想，并注意增强课件界面的人性化，使课件真正成为学生学习的认知工具。

第二，集成性原则。多媒体课件是由文字、图形、图像、声音、动画等合成的多媒体制品。运用现代多媒体的动画技术、动态模拟、图形等手段，使多媒体课件更能形象地表述教学内容而且极具吸引力，充分调动学生的感官，使他们进入情境，借境悟理，激发他们的学习兴趣，从而使学生的想象力、创造力得以在一个相对较大的空间内发挥。

第三，交互性原则。多媒体课件要建立友好的交互界面，并具有可编辑功能，使教师和学生与计算机系统能进行信息交流。学生和教师通过交互界面输入一定的信息，而计算机通过交互界面呈现一定的教学信息。交互界面的主要表现形式是窗口、菜单、按钮、图标。人机交互功能能为学生提供良好的个别化学习环境，使学生能根据自己的学习能力调节学习进度和难度，真正实现因材施教。

2. 多媒体课件的内容

（1）真实场景。浅层学习的根本原因是学生仅仅记忆了一些抽象的、孤立的结论，这些结论与其应用的情境是分离的，学生在实际生活中不知道在什么样的场合以及如何使用这些知识。因此，基于情境学习理论的多媒体课件，首先应该提供知识在现实生活运用的真实场景，这些场景是整体的，保持了实际生活中各种事物之间的所有联系，为学生应用知识解决高度不确定性的问题、探索复杂的现实世界提供平台。为制作课件而收集的场景，并不是简单地从现实生活世界中选择合适的事例来证明书本上的知识或观点。场景应该是复杂的、多维的，课件应说明使用的目的和动机，以利于学生学习与探索。

（2）真实活动。多媒体课件应精心设计，所提供的真实场景中，问题和事物之间的联系应当具有适度的模糊性，提供的材料可以是与问题相关的，也可以是非相关的。学习任务不能严格依据某一学科的清晰逻辑来设计，而应该是跨学科的、综合性的。这样的场景促使学生自己发现并解决问题，进行真实的建构知识、发展能力的活动。他们必须自己决定要解决的问题，把它分解成更具体的子任务，选择相关信息，并最终形成合适的解决方案。这样设计的互动式多媒体课件，才能成为学生探索真实世界的复杂性和不确定性的资源。

（3）多种观点。课件应当提供与某个问题相关的多重观点，让学生有机会扮演多种角色，促使他们去分析、比较、体验一系列的观点，从而加深他们对知识的理解，促进知识迁移。为此场景必须是完整的、丰富的，经得起反复推敲。学生一次又一次地观看、思考、讨论同一场景，能够挖掘出场景所蕴含的深刻意义，从而体认复杂多变的世界，形成正确的世界观。

## 二、深度学习背景下的 MOOC 教学资源

MOOC 以其来自名校的优质教学资源、免费或廉价的方式为人们提供开放、灵活、高

质量的课程，降低了学习成本，惠及了大量的学生，在很短的时间内受到了人们的热烈追捧。MOOC 资源也是深度学习教学资源的重要来源之一。

## （一）MOOC 资源的分类与特征

MOOC 随互联网的普及而普及，随移动通信的延伸而延伸，随网络功能的拓展而快速向全球化和体系化扩展。MOOC 以授课方式新颖、课程资源丰富、声情并茂等优势受到了众多学生的青睐，学界认为 MOOC 将颠覆传统教育教学模式，推动教育体制改革，实现教学过程的再造和学校治理能力的现代化。MOOC 具有完整的课程要素和形态，使得课堂教学、学习进度及效果监测、师生互动与指导等环节都能够完整地在线实现，改变了单一的课程组织形式与评价方式，实现了以学生为中心的“在场”学习。MOOC 是以大规模互动参与、借助互联网开放获取资源为目标的在线课程，提供文本素材、图片、视频、习题等传统课程材料，同时也提供交互性论坛，为学生提供不限时间、不限地域的学习环境。

1. MOOC 教学资源分类

（1）微视频。课程在制作时会基于知识点而设计视频的长度和课时数，内容精练且并不模式化。视频采用了谈话式、场景式等授课模式，增强学生的存在感和沉浸度与一对一关注感。MOOC 课程不是纯课堂录像或课堂内容搬家，在讲授时融合了动画、案例、活动、互动等内容，更像是相关知识素材的融合汇聚，有利于学生按需组合与剪裁，满足微时代自主性与个性化的需要。课程视频呈现方式多样，不同类型的课程、不同的知识点都会选择合适的呈现方式。微视频内嵌互动实现了灵活的师生互动学习，并不仅仅是几道简单的测试题，而是真正在视频中穿插各类教学互动，是课堂教学互动的在线展示形式。

（2）明确的学习导航。MOOC 课程提供明确的导学和全面、详细的课程导航，包括课程详细介绍、学习大纲、教学计划、学习要求、任务量与学习时间的规划等。学生通过课程导学可以方便地判断课程是否适合自己，并根据学习任务量和要求决定自己投入的学习时间和精力，计划自己的学习路径等。课程学习页面导航明确，课程相关内容的模块的设计和指引清晰，学生操作便捷，能够将关注点和精力集中在课程学习本身。

（3）在线测试。MOOC 在线测试的设计，体现了以学生知识的掌握和能力的提升为基础的核心理念。课程的在线测试一般包括每周测试和期中期末测试两类。每周测试有两种呈现形式：线型模式，视频后设置对该视频的测试；模块模式，每周课程内容结束后提供对该周内容的整体测试内容。期中期末测试分别在课程中期和课程末期提供。大部分测试尝试次数为 2 次以上，有完成时间限制，超过时间后会按照延迟比例对成绩进行折扣计算或不计算成绩。采用系统自评方式，能够即时反馈测试成绩，学生可以在测试后马上了解自己的学习程度与不足。

（4）课程作业与同伴互评。MOOC 课程学生提交的作业有教师评分和同伴互评，并将反馈发给学生邮箱。MOOC 的课程作业类型多样，如以视频、音频、PPT、PDF 等多样化媒体形式展示作品。作业设计融入了趣味性，如数学课的作业，将故事与数学相结合，在情境中完成计算。在作业设计方面也体现出了开放思想，不单纯要求学生识记课程内容，而旨在体现出学生对课程内容的反思、内化，结合实践整合并完整表达出自己的观点。同伴互评是 MOOC 为应对大规模学生而采用的一种评价方式。根据教师的评分标准与要求，学生对他人的作业或作品进行个人评判，除了打分外，还需要给出给自己打分的理由和对作品的评价。同伴互评为学生提供了向他人展示自己作品的机会，为学生带来荣誉感和成就感。MOOC 学生来自世界各地，通过评价同伴的作业，学生可以开阔眼界，感受不同文化背景之间的思想碰撞，开阔思维，从他人的作业中反思自己的作品，促进知识与能力的内化和提升。

（5）多样化的辅助学习资源与方式。MOOC 课程一般以网页的形式呈现，页面包括教学大纲、课程说明或公告、家庭作业、学习组或线下集会、论坛等服务。MOOC 课程中提供了多种辅助资源，包括文本、参考文献、工具、软件、学习同伴等。虽然扩展性学习资源一般不强制列入课程学习任务要求中，但多样化的资源形成功能上的互补，为学生引入不同的观点和学习视角，满足不同层次学生的需求，对基础较好的学生而言，丰富的资源是个人更进一步学习的基础。与国内课程相比，国外的课程会提供较多的资源，更关注学生的阅读量与理解，内化、整合相关知识的能力的锻炼与提升。MOOC 依据课程而设置个性化教学，有课堂提问互动、学习专栏问答、游戏竞赛和学习组线下聚会等作业和评分形式。

2. MOOC 资源具有的特征

（1）结构完整的微教学资源环境。MOOC 课程内容包括授课视频、非视频资源、学习评价等，以微视频为主线，整合相关教学资源，形成微教学资源环境。课程教学内容结构完整，形成了相关知识体系，但内容又以模块化形式呈现，相对独立。根据不同学科、课程特色，每门课程都有其不同的设计和侧重点，但课程的核心是微视频，这样的视频便于学生集中注意力，利用碎片时间进行学习。视频较多采用一对一授课形式，教师的授课更像是在与学生对话、分享知识，因此学生有更多的参与感，而不仅仅是旁观者。

（2）学习资源丰富，课程质量高。MOOC 课程资源系统全面，大多 MOOC 课程提供授课视频、教学课件、图像或动画、参考书目、作业、测试题等学习材料。在课程运行过程中还会提供话题讨论、教师答疑、动手操作等环节内容。学生也可以适时加入各自的学习内容，从而构成全面系统的课程资源。MOOC 课程资源来自世界各地著名高校，发布的课程大多为授课经验丰富的业内权威教师开设，课程门类众多，课程内容的设计精良，课程视频一般由专业团队制作，制作质量高。并且，教学信息依据学习而有动态发展与更新，甚至可以依据学生的学习状况实现动态的资源推送。

（3）开放性和社会性的学习环境。MOOC 平台是开放的，学生可以来自全球任何地域，自由下载所有课程资源，缴费申请获得学习证书。众多的在校或不在校的，不同职业、不同学习目的和不同经历的全球学生一起在线学习，通过交流论坛以及用 Wiki、博客、社交网站等工具进行小组聚会和活动，构成了开放性和社会性的学习环境。MOOC 为学生、教师和助教建立学习社区，将数以万计的学生，在共同的学习目标、学习兴趣和知识储备的驱使下组织起来。因此，慕课能够把很大范围内的、具有共同学习目标的学生组织在一个学习社区中，促使不同地域的学生通过互联网实现不同时空的社会知识建构。

## （二）MOOC 教学资源利用模式

MOOC 具有丰富的优质教育资源，根据将 MOOC 资源的本土化程度与利用程度，构建 MOOC 视频替代模式、“MOOC 视频+自制视频”模式、二次开发模式等三种 MOOC 资源利用模式，学校可以结合自身的实际情况选择与应用，大力提升课堂教学质量，既可发挥 MOOC 在实体教学中的作用，又可为深度学习提供优质学习资源。下面以将 MOOC 资源应用于翻转课堂教学过程为例，探讨 MOOC 资源的利用。

1. MOOC 视频替代模式

MOOC 视频替代模式是课前学生观看 MOOC 视频代替任课教师自己制作的视频，通过完成 MOOC 训练题代替教师自己设计的训练题学习新知识的教学模式。

MOOC 发起教师将课程信息包括课程概要、课程资源、每周话题、活动通知、教师介绍等通过 MOOC 中心平台发布，由课程协调人管理和维护。MOOC 课程资源包含以知识点讲解为主的 MOOC 微视频，辅之以 MOOC 微课件、微案例、微项目、微实验等微素材资源，以及 MOOC 微“作业练习”为主，辅之以网络在线答疑、在线测试、在线调查等自主学习活动的学习反馈。

任课教师根据本课程的特征、教学目标与知识体系的总体要求将本课程划分为若干个知识点，即将课程内容进行碎片化处理，围绕碎片化的知识点在 MOOC 平台上搜寻合适的课程微视频，指导学生课前有选择性地注册、登录 MOOC 平台、参加 MOOC 课程，关注课程信息、课程进度，自由选择论坛、微博、社交网站、QQ 群等个性化学习工具浏览、讨论与交流。学生按任课教师的要求观看 MOOC 课程微视频，并进行简要训练、测试以完成新知识的学习。任课教师也可以学生身份注册、登录 MOOC 平台，浏览课程资源，通过 MOOC 论坛、QQ 群等工具与学生进行交流，及时掌握并解决学生课前学习中遇到的问题。任课教师浏览、参与 MOOC 课程的过程，既是一个担任 MOOC 助教角色，与学生交流、了解学生、指导学生的过程，又是课堂活动的精心准备过程。

2. “MOOC 视频+自制视频”模式

“MOOC 视频+自制视频”模式为课前学生既按教师要求注册 MOOC 平台，观看 MOOC 微视频学习新知识，又观看教师事前自制的微视频并进行简要训练的教学模式。课前视频学习是翻转课堂训练内化的基础知识准备阶段，视频来源主要有任课教师自己录制、MOOC 平台或网络资源等。

任课教师有选择性地安排学生注册、观看 MOOC 微视频，并进行训练与测验，其学习流程与 MOOC 视频替代模式相同。对于在 MOOC 课程中找不到合适视频的知识点，主要由任课教师自制微视频，并上传至翻转课堂网络教学平台，学生按照教师布置的学习任务，结合个人需要自定进度、节奏、速度与方式自主学习。

教师自制的微视频，在知识点讲解之前可以设计一些问题，让学生带着问题观看并在其中寻找答案，在每个知识点讲解结束后，学生完成教师布置的训练题，其测验结果通过网络系统即时反馈给学生，学生将很多疑问带进课堂向教师提出，或者通过翻转课堂网络平台专有论坛或微博、微信、QQ 群、社交网站等工具与教师进行交流。

教师自制微视频无论长短，每一个视频一般只讲授一个知识点，且紧紧围绕该知识点，其目的在于力求让学生在视频长度的时间内，全面掌握视频所授知识点。优点包括：①在内容上使知识更为“紧凑”，符合信息加工组块策略原理，减轻学生记忆负担；②在形式上与积件的思想一致，教师可以在积件组合平台中按需组合积件，学生可以自由地选择、动态组合教学视频，满足个性化的学习需要，还可以不断拓展学习范围；③短小精悍的视频更容易吸引学生的注意力，因为在他们即将耗尽一次学习注意力之前，知识点已经学完，并且学生可以充分利用碎片化的时间学习碎片化的知识。

3. 二次开发模式

二次开发模式是对 MOOC 平台与课程资源进行“本土化”改造的教学模式，主要包括：

(1) 网络教学平台的二次开发。若高校已建有云计算网络教学平台，通过购买 MOOC 平台提供商的视频播放、交互式训练与机器自动评分（Auto-Grade）及学生跟踪管理等子系统，按翻转课堂设计需求进行改造并整合到高校云计算网络教学平台，并获得相应权限与专用账号，将其作为云计算网络教学平台的一个组成部分；若高校没有建立云计算网络教学平台，通过 MOOC 平台提供商的专用客户端，赋予高校一定权限，将 MOOC 平台的部分功能向翻转课堂高校开放，高校直接在 MOOC 平台上开发翻转课堂所需功能，并改进成为高校专用翻转课堂云计算网络教学平台。

(2) 课程教学资源的二次开发。与 MOOC 课程开发商、高校、任课教师等合作，直接购买优质 MOOC 课程资源，并由本校任课教师及其开发团队对 MOOC 课程视频、PPT、作业、案例、训练项目、研讨问题等课程资源，进行二次开发与“本土化”改造，或与合作方共同直接开发适合本校本专业的翻转课堂微视频等课程资源，其微视频的制作要求与“MOOC 视频+自制视频”模式基本相同。

## 三、深度学习的训练平台

深度学习过程从知识构建到深度理解、迁移应用、问题解决与创新，离不开模拟、仿真或真实学习与训练情境。传统实验、实训教学中心、校内外实践教学基地、实习基地等都是提高学生实践能力，促进知识迁移、应用与创造的训练平台。运用信息技术促进深度学习的发生，是信息化教学研究的重要领域。

虚拟训练平台包括：①硬件环境。硬件环境包括计算机终端、计算机网络、服务器等。②软件环境。软件环境包括基础软件、虚拟实验教学系统软件、实验教学资源及理论指导等。

虚拟实验平台具有集实物演示、实物仿真、创新设计、智能指导和管理功能于一体，具有良好交互性和可扩展性，还具有教学管理、过程指导和效果评价功能，实验过程的智能指导和实验结果自动批改功能；虚拟实验指导与管理系统，包括实验知识辅助学习、实验智能指导、实验结果自动批改、实验答疑、实验教学效果评估等功能；跨平台的虚拟实验管理系统，为虚拟实验教学环境提供服务并开展应用，学生使用虚拟实验进行实验学习及其评价的功能，有利于为教学提供丰富的虚拟实验资源，为广大学生提供优质的虚拟实验服务。实体训练平台、虚拟训练平台、实体与虚拟结合的训练平台，都可以是促进深度学习的训练平台。

## （一）创客空间

深度学习是发展创新能力的基础、前提和保障，相较于浅层学习包含着更为复杂的学习过程，是一种高级的学习阶段。近年来，“创客”“创客空间”“众创空间”“互联网+”等新名词逐渐进入教育研究者的视线。创客（Maker）一般是指不以营利为目标，利用3D打印技术以及各种开源硬件，努力把各种创意转变为现实的人。

创客空间是创客聚会、活动和合作的场所，是开放交流的实验室、工作室与机械加工室。在创客空间当中，创客们一起协作，利用科技和硬件实现他们的创意。3D打印等制造技术的普及，开源硬、软件等信息技术的不断进步，极大地推动了创客运动的发展，也让越来越多的普通人直接参与到创客运动当中，打破精英对创造的垄断，将自身极具技术挑战的创意转化为现实制品，变身成为创客。

创客空间可分为独立的创客空间、以学校为基地为学校服务的创客空间和以公共图书馆为基地为社区服务的创客空间三种类型。在我国高校，创客运动也逐渐兴起，形成了以学校为基地、为全校师生服务的创客空间，如清华创客空间、西南交通大学创客空间、同济大学创客空间及温州大学创客空间等。创客课程如雨后春笋般不断涌现，如温州实验中学开设了一系列创客教育课程，包括“多媒体编程”“电子制作”“机器人”“网页编程”等。

通过龙头企业、中小微企业、科研所、高校、创客等多方协同，打造产学研用紧密结合的众创空间，吸引更多科技人员投身科技型创新创业，促进人才、技术、资本等各类创新要素的高效配置和有效集成，推进产业链创新链深度融合，不断提升服务创新创业的能力和水平，为我国高校创客教育的开展奠定了政策基础。

创客空间就是创客进行创作活动的地方，而创客就是热衷于创意、设计、制造的个人或群体。创客空间以尽可能满足创客需求的方式来提供支持，全面覆盖的高速无线网络、3D打印机、雕刻机、桌面设备、移动终端以及不同产品制造的原材料等构成了创客空间的重要物理组成部分。校园创客空间主要包括场地、设备、材料等实体资源，以及创客导师、设计服务、知识产权咨询等人力、智慧资源。

随着现代信息技术的发展，上述资源更多地通过数字化、信息化的手段，通过网络进行分布式管理。通过互联网，引导学生积极获取全球创客资源，包括可共享的产品设计、模型素材、在线知识库、开源软件等。在创客空间里，学生在教师的指导下由浅入深参与不同难度的创客学习项目，养成创造性地运用各种技术和非技术手段，协作发现问题，解构问题，寻找解决方案、实施方案创造制品的能力，实现自身在人际沟通、团队协作、创新问题解决、批判性思维和专业技能等方面的成长。

校园创客空间是培养学生创客的重要场所和环境，是开展新思维教育、培养学生实践能力的最佳载体，是学校拓展教育、促进师生研发创新的最佳平台，也是支持深度学习的最佳场域。创客空间能够满足深度学习的诉求，二者有着天然的、本质的契合。

（1）具身实践培养创新能力。创新是任何学习发展到高级阶段的成果，脱离身体实践的纯思维的思辨总是无法触及知识的本质，创新更是无从谈起。创客是一类将创意作为自己核心能力的人，“创新”是创客空间的灵魂所在，创意灵感的捕捉与实物化需要人们的具身参与、具身学习，同时关注学生的创新意识、动手实践能力、合作意识以及成果意识。因此，创客空间的实践形式与终极关怀，正是深度学习得以开展的前提条件与最终诉求。

（2）共同兴趣的学习主体。创客是一群拥有丰富的专业知识和创新意识的实践者。丰富的专业知识是创意的基本条件，使任何产品的实现都有源可寻；创新意识协助创客在日常生活中知觉到新事物的存在、价值及其可能性。产学结合往往需要不同领域的人才，合作意识与合作能力将使创客受益更多。为了实现深度学习，学生一方面需要拥有丰富扎实的专业知识；另一方面需要有强烈的求知欲与好奇心。跨领域的视角是教育信息化时期进行知识创新的重要条件。拥有不同类型知识的学生进行知识共享，可以拓宽每个学生的视角。而同一创客空间的创客具有极为相近的属性——乐于求知、敢于求知。

（3）学习共同体生成隐性知识场。创客空间不仅是物理意义上的空间，代表的也远非资源和空间本身，其实质是促进知识高效传播、转移、生成的“隐性知识场”，也是一种社会关系空间。知识包含两种类型：①便于传播易于获得的显性知识，如创意相关的基本专业知识、不同生产设备的操作技能等；②难以言明却影响深远的隐性知识，如强烈的探知欲以及共享、合作、开源、创新的文化范式。深度学习以实现高阶思维能力为目标，但其终极使命是帮助学生树立终身学习的理念。以创客空间作为学习场域而开展深度学习，学生不仅可以发展自身问题解决能力与创新意识，更为重要的是学习共同体中优秀的思维模式、学习方式，科学的知识观、成果意识，良好的人际交往、协作能力以及终身学习的理念。

（4）真实的学习情境。在传统学校教育中，学生实践能力与问题解决能力的培养往往集中于毕业前的实习环节，平时学习中实践环节所占比例较小，容易导致学校学习与社会实践脱节。深度学习强调学生的问题解决能力，创客空间内先进的数字化设备与真实企业高度相似的训练环境。创客教育让学生回归真实世界，在观察周围世界、关注自己和他人需要的过程中，从亲近与探索自然、体验与融入社会、认识与完善自我等多个主题领域寻找创意设计的灵感，从而创作各种蕴含现实社会意义和文化内涵，并与科学、艺术、生活等多领域场景无缝衔接的互动媒体作品，理解问题解决的真谛：从生活中来，再到生活中去。这样可以真正实现“现学现用”“练中学”“学中创”，可以根本解决传统教育中的学用脱节问题。

（5）虚实融合的空间。虚实融合的创客空间，可以为学生提供适时、适地、适当的学习服务，实现无缝化按需学习。创客空间虚实融合体现在时间、空间、方式三个维度：时间上，实现常规课程内实践和课外实践相融合，同步交流和异步交流相结合；空间上，实现跨越虚实空间的学习，真实世界和虚拟世界融合；方式上，实现正式学习和非正式学习的融合，多种教学法和教学活动的结合。

## （二）交互式教学平台

目前，西方国家普遍采用和推崇交互式教学模式，这种模式有助于营造启发学生动脑思考的良好氛围，激发学生自主学习的潜能、积极性和主动性，激活学生探究未知领域的兴趣，培养学生的创新意识和合作精神，提高教学效率。

随着计算机在教育领域中的应用，交互一词也被赋予了教育意义，交互式教学不仅指计算机系统的人机交互，还包括人与人之间的互动和交往。多媒体环境中的交互主要指教师、学生、计算机之间的相互交流与相互作用，教师利用计算机多媒体技术，通过交互式教学课件，真正实现双向或多向互动。交互的一个最基本属性是双方都能够接受彼此的影响，即信息通道是双向的，而互动是一个社会学术语，人们用社会互动来描述社会交往过程。教学互动在本质上是一种使对象之间相互作用、相互影响且彼此发生积极改变的过程，是教和学双方交流磋商、教学相长的过程，交互是深入互动的前提。

教学交互是一种发生在学生和学习环境之间的事件，它包括学生和教师、学生和学生之间的交流，也包括学生和各种物化的资源之间的相互交流和相互作用。

交互式教学包括人与人之间的交互，以及人与环境之间的交互。交互式教学是指在主体间（包括师生、生生等）的交往中共同参与教学活动，相互承认与尊重，通过多种方式相互作用、相互沟通，促进学生全面和谐发展。交互式教学将学习建立在师生信息和情感交流需求的基础之上，教师扮演组织者和促进者的角色，设计任务、组织活动，帮助学生解决问题，学生则通过自主学习、合作学习、探究学习，在交互中不断提高能力。交互是人与人之间的互动与交流，未涉及人机交互。深度学习远程交互式平台主要由交互中心平台、交互主体、交互客体、交互工具、交互行为等构成翻转课堂课前交互式教学模式研究。

1. 交互主体、客体、工具

在深度学习远程交互教学中，教学交互主体包括学生、任课教师、系统管理员、教学环境。学生在所有交互主体中处于核心地位，所有教学环节与交互环节的设计都紧紧围绕学生主体学习目标的达成而进行。任课教师是教学活动的组织者、资源开发者，学生学习的指导者与监督者。一个班级的同一门课程通常只有一名任课教师，但可能有多名学生。系统管理员主要管理、监控系统的运行、使用权限及各类用户信息等，系统正常运行时，很少与学生、教师进行交互。教学环境包含网络教学平台、教学内容及其呈现形式、物理环境，其中教学内容包括微视频知识点讲解、实验、实训、训练题、案例、项目、问题、答案等，教学内容既是交互的主体，又是交互的客体；物理环境主要指网络、客户端浏览器及各种应用软件。教学交互的客体或交互的对象为教学内容。教师开发教学资源，制作并上传微视频，浏览统计学生的学习情况，主要是教师与教学环境之间的相互作用，属于人机交互。学生登录翻转课堂网络教学平台，观看微视频，进行训练测验，机器自动评分并及时反馈信息的过程，主要是学生与教学内容、学生与教学环境之间的相互作用，也属于人机交互。学生对于自己未能解决的问题，通过网络交流工具发布，与任课教师或其他学生进行在线互动或离线交流，这是人与人之间通过交互工具进行交互，属于人—机—人远程交互。

交互工具种类很多，如传统的表情手势、语言符号、笔墨纸砚等是人与人面对面的常用交互工具和手段。在传统课堂教学中，黑板加粉笔、实物、图画、情景、操作、演示、模拟等直观物品和行为动作，提升了教学交互水平。从书写白板到电子白板，从电子白板到交互式电子白板，交互手段有了新的发展。在翻转课堂课前教学中，因师生、生生在空间上常常处于分离状态，则主要运用现代信息交流工具，如论坛、社交网站、微博、微信、邮箱、QQ 等，实现立体、远程交互。

2. 交互行为

在面对面时，只要一方能听见另一方的谈话，并且双方得以相互确认，就实现了交互；或者一方能够看见另一方的表情，彼此间心知肚明，也就实现了交互。这种听得着、看得见的和听见或看见后做出的反应程度就是交互性。无论是人—机（学生与环境、教师与环境）交互，还是人—机—人（学生—环境—教师、学生—环境—学生）交互，其交互行为与交互程度将影响学生学习的效果，在不同的教学环节对交互性的要求也不完全一样。翻转课堂课前教学交互行为可以分为：

（1）直觉式交互。学生通过自行浏览学习提纲、要点，观看教学视频即可理解学习内容，或通过感官获取相关信息，不须仔细思考，凭直觉即可进行正确的判断或者选择，基本未涉及疑难问题的探讨，这是一种浅层次的初级交互。这种交互也包括教师帮助学生获取学习信息，并指导学生学习方法与知识点选择，学生通过教师的指导来选择所学内容，浏览教学目标与教学计划，选择并点播微视频内容等。直觉式交互要求设计的教学内容浅显易懂，容易入门，不能让学生“望而却步”或“知难而退”，进而失去学习的动力。学生课前通过观看教学视频学习新知识的过程主要是一种直觉式交互。

（2）反思式交互。视频讲解与训练测验的过程能引发学生的思考与反思，遇到问题时，学生能自主分析，或对未解决的问题通过论坛、电子邮件等交流工具求助于教师或其他学生，与他们进行双向交流，表达自己的观点，属于反思式交互。反思式交互包括学生与学习内容、学生与学习环境、学生与其他师生之间的交互。反思式交互过程，学生不是处于一种“视而不见，听而不闻”的走神学习状态，而是处于冷静思考、积极探索、渴求知识的状态。因此，视频内容与训练题的设计及呈现的方式要能高度吸引学生，激发学生的兴趣，这是反思式交互行为的基本要求。学生通过反思式交互实现对知识的加工，接收信息与发送信息双向进行，有简单的信息处理过程。翻转课堂上学生课前学习中的反思式交互主要发生在训练测验过程，观看视频与交流探讨的过程也有反思式交互行为。

（3）生成式交互。学生完成一定的学习内容之后，通过与教师或与其他学生的互动交流，相互分享新资源、新观点、新见解，通过思维的碰撞、交融产生新知识、新内容，对学习资源进行再加工，或是为完成认知产品进行的互动构建过程，均为生成式交互。生成式交互的主要特征是，通过思维碰撞与深度思考构建新知识、探索新领域，提高学生的思维能力与创新能力。这种交互通常是发生在人与人之间的直接交互或人与人之间通过交互媒体发生的双方互动，学生处于一种渴望创新、高度兴奋的状态。如：学生之间通过网络互动交流学习成果，共同探讨解决疑难问题；教师与学生之间进行“头脑风暴”式互动，引导学生思考深层次问题。因此，对于生成式交互，设计的相关教学问题要富有挑战性、可拓展性。翻转课堂课前交流探讨过程主要是一种生成式交互，若在训练测验过程中嵌入了深度互动与探讨，也属于生成式交互。

（4）沉浸式交互。沉浸式交互是通过构建虚拟现实环境，将学生沉浸到特定的情境中学习，为完成知识构建或迁移而进行的深度交互，5R 虚拟现实+生成式交互。沉浸式交互通常发生于特定教学情境之下的交流探讨过程中，或嵌入了互动交流的训练测验过程中。

## （三）虚拟现实训练平台

虚拟现实训练平台是通过建立网络设备的原型来构建实验系统，一般安装在真实实验平台上，是可以完全开放的。它充分利用了虚拟现实技术，完善了数据传输、交换、模式识别、语言处理、智能技术等性能，对实验系统的运行进行仿真，学生可以从中灵活地组建网络、学习和掌握实验设计、操作知识。虚拟现实技术综合运用了计算机技术、计算机图形学、传感技术、人体工程学、人机交互技术等多个领域的最新技术成果，把计算机合成的信息通过听、看、嗅、触等感觉，在人的周围形成一种人造空间，达到一种超模拟的效果。

1. 虚拟仿真实验的特征

虚拟仿真实验可以转化主动和被动的关系，使学生积极主动地进行自主化、个别化与探索性的学习，有利于发展学生的创新技能，提高学生在实验操作中的各方面知识与能力。它具有三个基本特征：①沉浸性，指学生对虚拟世界的情感反映，这种感觉能使学生全方位地投入这个虚拟世界，这是虚拟现实的首要特征；②交互性，指虚拟现实是一个开放的环境，能对用户的输入做出响应，并能通过监控装置来影响用户和被用户影响；③想象性，指虚拟现实不仅是一个媒体、一个高级用户界面，还是一个应用系统，它以生动形象的形式反映设计者的思想。这三个基本特征强调了人在这个系统中的主导作用。实现虚拟现实技术和自然人工场景技术的结合，即可实现“身临其境”的真实感受。

2. 虚拟现实实验教学平台的特征

（1）虚拟设施。由于实验设备、实验场地、教学经费等方面的限制，一些教学实验无法开设。利用虚拟现实系统，可以使这些实验得以完成。学生可以通过虚拟实验，获得与真实实验一样的体会，还可以同时实现资源共享。

（2）虚拟环境。以往对于危险的或对人体健康有危害的实验，学生无法直接参与，一般采用电视录像的方式来取代实验。学生通过虚拟现实技术进行虚拟实验，可以放心地去做各种危险的或危害人体的实验。

（3）虚拟 3D 空间。利用虚拟现实技术，可以消除空间的限制，大到宇宙天体，小至原子粒子，都可以进行内部、外部的 3D 多点观察。虚拟技术还可以突破时间的限制，通过虚拟现实技术，一些需要较长时间才能观察的变化过程，可以在很短的时间内呈现给学生观察，例如火山的形成、爆发和生物进化。

(4) 虚拟人物。虚拟现实系统能虚拟历史人物、伟人、名人、教师、学生、医生等各种人物形象，创造人性化的学习环境，使学生融入、参与学习。在虚拟的课堂学习气氛中，学生可以与虚拟的教师、学生一起交流、讨论。

### （四）云计算的深度学习“真实”项目训练平台

可以运用现代信息技术搭建深度学习“真实”训练情境，提高深度学习效果，下面以软件工程专业为例，运用云计算技术搭建“真实”项目训练平台。

软件工程是一门综合应用学科，软件工程专业具有实践性、工程性、实用性等特征。学生不可能靠听讲软件工程的理论学会开发一个实际的软件，而是在“动手做”和“真正练”中体会和掌握软件工程的思想，软件工程专业实训环节尤为重要。近年来，诸多学者提出采用校企合作培养模式、项目教学法，增加实验、实训比例，以增强学生理论与实践的联系，提高动手能力、思维能力和创新能力，才能实现知识建构、迁移与应用。应用云计算技术建立软件工程实训平台，不但学生可以在“云”中进行真实项目训练，体验企业工作环境，提高实训效果，而且高校可以降低实训基地的投资与运行成本，提高办学效益。

1. 云计算实训平台的架构设计

软件工程专业云计算教学资源平台的建设需要有强大的底层技术支撑，同时需要开发符合本专业要求的功能模块，其技术体系与服务体系构架。云计算技术体系由物理资源层、资源池层、管理中间件和面向服务体系的构建层组成。物理资源层包括所有的硬件资源；资源池层通过虚拟化技术将底层硬件如网络系统、数据库系统和操作系统等集成起来，虚拟为一个大的资源池；管理中间件层负责管理云计算资源，并为 SOA 构建层提供支持与服务，SOA 构建层将云计算能力封装成标准的 Web Services 服务。

云计算技术体系从根本上决定了服务体系模式，云计算强调各种资源的共享和随需分配，其服务模式划分方法较多，通常分为三个层次：

最底层是基础层，由硬件或虚拟机资源构成，是整个服务体系的基础，通过虚拟资源池为学校与合作企业提供计算、存储、带宽等按需的动态云基础设施服务（IaaS）。

第二层为在线开发平台层（PaaS），构建在基础设施层之上，对资源的抽象层次更进一步，为软件项目开发与教学虚拟资源的建设提供接口与环境，通过分布式计算环境和分布式存贮环境提供海量文件系统、海量数据库系统、大规模消息系统等服务，在线云通过在线开发平台将操作系统、应用开发环境等平台级产品以 Web 服务的方式提供给高校师生、合作企业开发人员等，方便高校与合作企业对教学资源的开发和使用。

第三层为实训资源应用服务层（SaaS），位于最上层，是用户与云服务体系的接口，直接为合作企业开发人员、高校师生等提供实训应用软件服务，如作品展示、开发文档输出、资源设计、软件检测以及项目管理等等。合作企业开发人员、高校师生可以在任何时间、任何地点使用 PC 电脑、智能手机或其他移动终端设备访问“云”端，接受云计算各层次提供的服务。

云计算供应商提供的服务收费低廉，有的甚至免费。单个高校或少数高校联盟建立云计算实训中心时，不必建设云计算基础设施及其技术体系，只须购买或租用“云服务”供应商提供的云计算服务，按使用付费，按需自助服务，校企合作的重点是建设虚拟教学资源。这样，可以节省实训中心初期投资与维护运行成本。而对于全国高校联盟建设云计算实训中心，可采用主管部门或高校联盟主导、云服务开发企业参与、公有云或私有云或二者相结合方式，共同建立云计算基础设施、服务体系与虚拟教学资源。

2. 虚拟机群集的设计

虚拟化技术为校园私有云实验实训平台实现的核心技术。随着多核系统、集群、网格甚至云计算的广泛应用，虚拟化技术在商业领域的优势日益显现，不仅能降低 IT 运行成本，而且还能增强系统的安全性和可靠性。虚拟化是指计算机元件在虚拟的基础上而不是真实的基础上运行。虚拟化技术可以扩大硬件的容量，简化软件的重新配置过程。虚拟化是对物理实体进行的抽象，这个抽象可以不断叠加，即虚拟化也可以对抽象的再次抽象。

云计算中的虚拟化是一个抽象层概念，主要将实体的硬件设施与相应的操作管理系统分开，进而提供动态的资源配置与高效的资源利用能力。虚拟化技术一般包括：①虚拟整合。虚拟整合技术将云平台中异构的物理资源整合成一个虚拟的资源池，方便对资源进行管理和分配。②虚拟拆分。虚拟拆分技术将每台服务器拆分为多个独立的虚拟机。③虚拟迁移。虚拟迁移技术能够帮助云平台进行负载均衡和节约运行成本。

虚拟机之间相对独立，各自拥有虚拟的 CPU、内存、存储器、网卡等资源，再在这些抽象的资源上运行不同的操作系统和应用程序。运行在裸机上的虚拟监视器，无须主机操作系统的协作，可将硬件的全部功能虚拟化给上面的宿主操作系统使用。

各种应用软件与管理软件资源存在于虚拟机中，并将各虚拟机文件存储在外部实体存储设备中，通过 Consolidated Backup 实现对虚拟机文件的集中备份，并且支持虚拟机的自动迁移。当虚拟机损坏或物理服务器损坏时，相关的虚拟机能够自动迁移到其他服务器上并自动启动，可以防止资源的丢失。VMware 公司虚拟化技术不但可以实现零宕机时间的迁移、灾难备份和业务恢复，实现操作系统级别之间的隔离，各种应用互不干扰，而且可以动态调整虚拟机的资源分配，实现快速合理的业务调度，提高服务器资源利用率，减少投资与运行成本。

虚拟机基础平台直接构建于物理资源层之上，也可以分布于校园私有云的各层次之中，在基础平台上运行多台虚拟机。分布式数据库、实时数据库为基础设施层与云服务平台层直接提供支持，学生用个人专属虚拟机账号通过校园网登录虚拟桌面池，可以完成软件开发项目训练全过程、基础实验与云服务平台提供的各种服务。教师通过云服务平台可以对学生开发训练的全过程进行管理。

3. 校企合作云计算实训

软件工程专业实训是指学生通过直接参与软件项目开发，提高实践能力与职业素质的训练过程。实训基地的建设应符合真实性、高技术性和通用性原则，体现真实的职业环境，接触新技术、新工艺。实训体系要求做到三个“真实”：“真实的企业项目”“真实的企业化管理要求”和“真实的企业环境标准”。因此，学生实训平台的建设离不开软件企业的参与，校企深度合作是企业实训的基础与前提：①学生能否进行真实的软件企业项目开发与指导是软件工程专业实训的核心；②如何通过构建虚拟环境做到三个“真实”是保证云计算实训平台实训效果的必要条件。

（1）软件开发模块。

1）软件开发模块的功能。构建软件工程专业实训平台的目的之一是学生可以不去企业，不受时空限制。在学校的软件工程实验室或其他地方，只要有上网的电脑，登录学校的云计算实训平台就能进行真实的软件项目开发训练，并且学生在开发软件的过程中，能得到企业教师与学校教师（以下简称“双师”）的适时指导、动态监控。学生可通过以下方式参与企业实际项目开发：①企业直接在云平台上进行项目开发，企业教师担任项目经理，分配任务并指导学生在同一平台上共同完成项目开发，起到“工学结合、顶岗实习”的作用；②企业教师挑选已开发过的软件项目，在云平台上建立项目库、案例库，通过云计算实训平台，指导学生在该平台上进行项目开发，或者学生分组完成软件项目开发全过程。软件项目开发过程主要包括项目规划、需求分析、系统设计、代码编写、软件测试等过程，每一个过程应能输出相应的项目文档，并且通过软件开发平台可以实现师生适时互动，提高学生实训效果。

2）云计算软件开发平台构架。为了更好地满足个性化、多样性、复杂性软件开发需求，基于MDA（Model Driven Architecture）的云计算软件开发平台模型。这种模型是面向服务、面向软件的开发方式，称为“软件业务化订制”模式。

云计算软件开发平台模型架构主要分布于云计算环境的平台层与应用层。云端平台层提供构件支持、环境支持、开发工具支持，将平台无关模型自动转换为一个或多个特定平台模型，然后再生成代码，最终进行系统测试与发布。模型交换和变换交换总线是联系整个开发平台的技术纽带，以面向服务的体系结构方式，对外提供统一开放的应用程序编程接口，其他模块通过 AH 进行交互。应用层向用户提供软件业务化订制接口，满足用户个性化软件开发需求。传统的个体开发模式更为简单，直接通过云计算系统平台层将软件研发的平台、开发环境作为一种服务向用户提供，应用层为用户提供各种应用软件服务，即用基于云计算的实训资源平台为师生提供各种可靠的、经济的在线应用软件服务。

（2）实训资源模块。实训资源模块包括实训教学资源模块与实训环境资源模块。软件工程专业实训教学资源主要包括：软件开发环境，企业实际软件项目库、案例库，实训教材，软件开发的基础理论资料，软件开发专用技术资料，重点、难点讲解资料及相关文档、模板等，这是应用型软件人才培养的基础和保障，是可教学化实训体系的核心。

软件开发环境主要指进行软件开发的各种技术和软件工具，还包括相关的帮助文档、开发文档。软件开发环境应该符合 IT 业界使用的主流技术和开发工具。软件开发环境是云计算服务提供商根据高校及其合作企业的要求，通过云计算在线开发平台层（PaaS）提供。校企合作双方共同在“云”端研发实训教材及配套的课件、主流软件、具体实训项目的实际代码、视频等，共同制定《实训教学大纲》《实训教学安排与日志》《实训教学要求及方法》《实训项目开发计划》等一系列实训教学指导文件，并上传至“云”端，以企业为主高校配合的方式建设 Java、嵌入式、. NET 等在内的实训项目体系。企业将已经完成的软件工程项目进行需求与技术分析，按照软件项目管理的基本要求进行可教学化的项目改造，在应用层建立实际软件项目库，不断补充修订实训项目文档，完善实训内容，在“云”端构建可教学化的实训教学资源。

实训环境模拟即软件企业工作环境模拟，可以让学生通过云计算实训平台亲身体验企业的“真实”环境、工作压力、管理制度与企业文化，对于提高学生实训的积极性与主动性具有重要作用。在“云”端通过交互式的可视化工具将企业真实工作现场、学生实际训练现场、企业工作流程、企业考勤制度等可视化内容与逻辑内容进行集成，再配以声音效果，对实训环境构件进行可视化设计，构建虚拟元件。

虚拟元件的构建主要包括外观特性和内部特性的设计，外观特性主要是可视化设计，内部特性主要是进行内部仿真模拟的逻辑运算。如在“云”端构建虚拟元件，设计虚拟打卡机或指纹考勤机，严格管理上下班出勤，设置专门的虚拟会议室供各个小组讨论和评审，并配备虚拟会议桌、投影仪、白板等附属设施，高度仿真企业的工作环境，让学生有一种身临其境的感觉，增加新鲜感，提高实训效果。

（3）实训管理模块。没有严格的管理，即使技术体系再先进，也难以保证每个开发小组高效地完成开发任务。尽管学生对新知识、新技术比较渴望，但诸多学生缺乏吃苦耐劳的精神，责任心不强，所以，严格管理对提高学生实训效果的作用也不容忽视。软件工程专业的实训主要是学生开发软件项目的过程。实训管理体系应以软件项目开发过程管理为中心，以系统管理、学生管理、团队管理、校企合作管理等为支撑的一体化管理体系。

1）项目管理模块。云计算项目管理模块主要对软件项目生命期的五个阶段，即启动阶段、计划阶段、实施阶段、控制阶段和收尾阶段进行控制与管理，涉及项目的整合管理、范围管理、质量管理、进度管理、成本管理、资源管理、风险管理、采购管理、沟通管理等九大知识领域。其中，质量管理、进度管理、成本管理为项目管理的核心。

领域是“双师”监控的重点。在实训中，学生将在项目组内承担的开发和管理任务、项目完成进度及遇到的问题发布在实训项目管理子平台上，“双师”登录高校云计算实训项目管理子平台，对学生开发项目的全过程进行监控、阶段评价与引导；学生将各阶段的开发文档与软件产品经项目文档输出模块与作品展示平台进行输出与展示，“双师”通过项目管理子平台及时检查每一开发过程的项目文档，通过互动交流平台及时解决学生的疑问。

2）系统管理模块。系统管理模块是对云计算实训平台的运行、维护、应用软件的二次开发、教学资源库的动态更新、系统登录权限设置等的管理。实训平台系统管理员应为高校指定的教师，负责基础信息维护、通信簿管理、系统用户管理、模板管理、日志管理、数据备份与恢复等管理。

使用者为高校教师、学生、合作企业教师三方，可分别以其三个身份进行登录使用。实训平台向用户提供统一的接口，任何一个授权用户都可以通过标准的接口来登录云计算实训平台提供的服务。为了方便用户使用，在线云可借助网络技术中的B/S结构，高校师生、合作企业教师只需要使用浏览器便可进行访问。高校教师主要将实训计划与要求发布到云计算实训平台，企业教师按学校的要求在平台上上传软件开发项目及相关指导文件，高校教师提供学生登录账号，高校与合作企业教师均可对实训学生的信息进行审核并分组管理。

3）学生管理模块。学生管理是为了实现实训目标，在实训期间以学生为管理对象的各种计划、组织、领导、控制活动，是取得实训成功的重要条件。学校教学管理部门、学生工作部门、实训指导教师分工协作，通过学校人口登录云计算学生管理平台对学生进行职能管理。教学管理部门主要检查学生实训计划完成、实训过程的资料存档等情况，学生工作部门主要对学生信息、请假、考勤与学习态度进行检查与考核，实训指导教师主要对学生实训项目的选择、实训效果检查、实训过程的指导、考核与评价。企业指导教师从企业入口登录云计算学生管理平台，对学生的实训全过程进行指导、监控、评价。学生从学生入口登录云计算学生管理平台进行自我管理，如学生个人考勤、学生自评、组长申请、小组成员管理、小组评估。

4）团队管理模块。为了提高软件项目开发效率与实训效果，开发小组采取团队工作方式。开发团队以自由组合的方式，由 5~6 名学生组成一个开发小组。根据对专业知识的掌握程度、项目开发的技能、经验与兴趣，学生自行推选出项目经理与任务角色分配，如开发经理、计划经理、测试经理、技术支持经理等角色，还可以自行决定岗位轮换方式。小组成员在登录至云计算软件开发平台以后，各司其职，协调配合地开展工作。“双师”通过团队管理模块了解开发小组的分工，监视团队的运行情况。同时，通过团队管理模块，激励团队成员的士气和工作热情，鼓励团队之间开展竞争，提高工作压力。

5）校企合作管理模块。项目库、案例库、实训教材等实训资源的建设，企业真实工作环境的模拟，学生实训过程的指导与管理均离不开学校与企业的通力合作。因此，校企深度合作是云计算实训平台成功的前提条件。通过建设云计算校企合作交流与管理平台，加强学校与企业之间的沟通，明确双方的职责、任务与权限，构建人才共育、过程共管、资源共享、优势互补、责任共担、互利互惠的合作机制，提高实训质量。

（4）实训评估模块。实训评估既是对学生实训效果、校企双方合作成效的检查，又是对云计算实训平台的考验，是进一步完善与改进的实训体系和教学管理体系的依据，同时，也是一种牵引和导向，它能够促使学生了解自己在各阶段努力的方向。评估体系是一个多维考核评价系统，包括专业技能、综合能力和职业素养三个维度，其对象包括团队评估和个人评估，其过程包括阶段计划评估和终结绩效评估。实训评估模块由项目文档输出、作品展示、实训报告、成绩生成等模块组成。

项目文档输出模块能展示项目开发全过程的所有文档，是“双师”作为项目过程控制与质量控制的重要控制点，也是专业技能、综合能力和职业素养的直观表现。作品展示模块为学生提供作品、个人基本信息、学校评价的展示，是实训考核优异者的舞台，也是学生评互，实现协作学习、共同提高的平台。实验报告是学生对全部实训过程的总结与提高，实训成绩是学生实训的综合表现。各阶段项目文档输出、软件测试报告、学生实验报告及学生自评等构成实训成绩评定的依据。实训评估模块记录学生的日常开发工作与团队表现，给出定量评价并汇总，做到全程实训全程评价。

软件工程专业校企合作云计算实训平台以物理资源层、资源池层、管理中间件和SOA构建层为技术支持体系，以IaaS、PaaS、SaaS为服务模式，由软件开发、实训资源、实训管理、实训评估等功能模块所组成，所有模块主要分布于PaaS层与SaaS层。通过登录软件工程专业云计算实训平台，学生可在“云”中开发软件，接受企业真实项目训练，体验企业“真实”工作环境，学校在“云”中安排实训计划，进行实训管理，合作企业在“云”中指导学生参与软件项目开发，校企双方共同在“云”中建设实训资源与环境。

云计算实训平台具有诸多优势：①学生实训不受时空限制，便利性和灵活性增大；②平台功能多，不但是学生实训的平台，而且是教师教学与管理的平台，合作企业软件开发的平台，也是学生协作学习、互动学习的平台；③大量的程序在云中运行，终端设备要求低，降低学校实验、实训基地固定资产的投资与运行成本，减轻学生负担；④统一平台，合作建设，协同管理，资源共享，校企双方合作更为紧密、高效；⑤平台具有高伸缩性，服务对象易于扩展。

### （五）“深度学习”远程交互平台

随着翻转课堂等教学模式的广泛应用，在课前教学环节，师生处于非面对面的状态，教师失去了现场监控的条件，对教学的控制是一种远程控制，教学效果主要取决于知识体系的设计是否合理，知识点的讲解是否透彻，教学视频是否能吸引学生，学生是否会认真观看教学视频、是否愿意参加训练与思考、有疑问时是否能及时得到解答，教师对学生学习过程与结果是否能进行客观公正的评价。而这一系列问题解决的关键在于，师生在非面对面的情况下教学系统的设计是否具有很强的交互性，是否能充分调动学生学习的积极性与主动性，并有效监控、评价学生学习全过程，也是实现深度学习的基础。

深度学习网络教学平台是教师开发、上传教学资源，学生课前观看教学视频、进行训练测验的中心平台，也是教师教学、学生学习的信息交换中心。为了降低学校固定资产投资成本、维护运行成本，为师生提供便利，可以建立深度学习云计算网络教学平台。

在云计算技术环境下，将学生课前学习、课内学习、师生交流、学生管理等管理子系统封装成“云服务”，也可以将电子教材、案例、项目、教学视频、课件、课前训练、试题库、答案等各种教学资源封装成“云服务”向师生提供，高度共享教学资源，提高教学资源的利用率。

师生无时空限制，可以使用智能手机、PDA或平板电脑等瘦客户端或PC机登录云计算网络教学平台。教师通过登录云计算网络教学平台开发或安装视频数据库管理软件、视频数据查询下载系统、视频素材加工和播放软件等，上传视频资源、课件、训练题、教学计划、教学大纲等教学资源，可直接在“云”中开发各种教学资源，还可以运用学生管理及学生学习过程统计功能监控、评价学生课前学习情况。学生可以登录到云计算网络教学平台课前学习子系统观看教学视频、进行在线练习并完成测试，即时检验学习效果，还可以浏览和学习其他课程资源，建立自己的学习资源库和学习计划。学生对学习中遇到的问题可以通过教学平台站内论坛或其他的现代交流工具，及时与教师或其他学生进行交流。

### （六）深度学习背景下的远程交互平台实现策略

在远程交互教学中，师生是非面对面的，师生之间难以做到直接的交互，主要通过交流工具交互或直接与环境进行交互，其交互性主要取决于学习内容、环境对学生的吸引力、适应性、互动工具的交互力、交互主体的互动意识等。

1. 交互性教学的流程设计

交互性教学的流程设计包括：①学生先观看微视频，后进行训练与测验，不能颠倒，也不能跳跃。未完成这两个过程，学生当天的平时成绩被评为零分，可以避免“偷懒”行为。②交互性微视频观看流程设计：学生观看导入问题—观看知识点讲解—提示学生思考问题，自动将学生引入主动思考、分析并解决问题的构建过程。③学生训练题按先后顺序完成，每做一题，机器即时评判，提示是否做下一题或重做。学生想进入下一阶段学习必须测试所学内容达到一定的正确率，否则系统不能通过。为了训练学生思考问题，通过分析自己的错误找到正确的解决方案，机器评判不采用直接提供答案的反馈方法，在第一、第二次练习时系统只告诉学生错误，第三次尝试仍然不对时才会显示正确答案，促使学生自己发现错误、思考问题。

2. 交互性教学内容构建

在翻转课堂课前教学中，学生基础理论知识的学习主要通过课前观看教师提供的教学视频来完成，视频的内容、视觉效果、互动性、时间长短等对学生的学习效果有着重要的影响。

教师根据培养目标与计划的要求界定知识体系涵盖范围，将课程内容进行碎片化处理，分解为若干个知识点；围绕每个知识点制作微视频，制作的视频内容要求简明、清晰、到位地解释知识点，具有逻辑性、层次性、递进性，同时要注意讲授的节奏、选取的例子与互动策略。形象直观、声情并茂的情境式教学是促进学生理解、认识、感受和构建新知识最好的方法与手段。通过采用文字、语言、声音、色彩、动画、影像等多种媒体形式来表现和完成教学过程，呈现的知识信息多维、立体、动态，让人的视觉、听觉、动觉相协调、相配合，丰富交互内容，激活学生的感知器官和注意力，使其在情境中感受刺激，参与学习，激发兴趣，增加理解深度，从而提高学习效率。教师自制的每个微视频，无论长短，一般只讲授一个知识点，且紧紧围绕该知识点，其目的在于力求让学生在视频长度的时间内，全面掌握视频所授知识点。

训练测验题的设计，既要具有较高的趣味性，又要涵盖知识点，具有知识性、探究性，难度适当，层次分明，区分度高，适合不同层次的学生。部分训练测验题的反馈方式采用漫画式调侃方式，以便创造轻松的训练氛围，提高学习兴趣。

3. 交互性教学环境搭建

建立网络教学平台或云计算教学平台，应具有的交互功能包括：①视频播放。视频的播放能满足学生个性化需要，要有速度调整、倒退、重放功能，以适应不同基础的学生的学习要求。②机器自动评分、过程记录与统计分析。对于学生所做的训练测验题，机器能自动评分并即时反馈结果，学生可以即时了解自己对知识掌握的程度。系统自动记录、统计学生所有学习活动全过程及训练结果，如视频观看、训练测验痕迹，期末输出总评成绩，实现形成性评价与终结性评价的有机结合，促进学生整体发展。并且，学生本人可以随时查看自己每天的学习情况，系统自动提示课程不通过的条件，可以增加学生学习的紧迫感。③多通道人机交互界面。利用语音识别、手势输入、视线跟踪、感觉反馈等新的交互技术，以并行、非精确方式与计算机交互，旨在提高人机交互的自然性和高效性。④虚拟训练环境。虚拟现实具有三个最突出的特征，即交互性、存在感和构想性。运用三维图形生成技术，生成三维逼真的虚拟环境，通过进入虚拟空间进行实时互动、感知和操作虚拟世界中的各种对象，从而获得身临其境的感受和体会。

4. 交互性交流工具运用

在选择远程交互式教学工具时，需考虑到学生的语言水平、输入能力、电脑技术、地方口音，还要考虑教学环节本身的特征。常用的交互性远程交流工具有：①非即时工具，如博客、论坛、E-mail、电子公告牌、电子答疑系统及QQ、微信离线留言等，便于有更多思考和组织话语的时间。其中，论坛是学生交流的主要空间，可以发表话题，或围绕已有话题参与讨论，教师做到每日上网浏览电子邮件和论坛上的帖子，并及时、准确地给予回复。②实时性、合作性强的互动交流工具，如聊天室、语音会议、视频会议等。QQ、MSN、飞信、微信等工具可以进行文字、语音和视频聊天与交流。QQ 群、微信群可以进行多人互动聊天交流。③资源分享工具。如视频分享网站、社会化书签、网站导航、应用共享视窗、Facebook 小组等，学生可以在网页上分享学习资源。④短信、电话、传真等非在线工具。

5. 交互性学习主体培育

深度学习远程交互式教学系统不仅要注重教学环境、教学内容、教学方法与手段的创新，提高交互性，更要注重教育观念的创新，培育善于互动学习的学习主体。①营造宽松、民主、和谐的学习氛围，构建相互尊重、相互理解、团结、信任的人际关系，培养学生的团队学习、协同学习精神；②倡导以学生为本的现代教育理念，尊重学生，为所有学生创造思考、表现、获得成功体验的机会，培养学生积极进取、勇于探索的互助学习精神，使每个学生既能主动发展自我，又能促进他人提高；③建立和形成发挥学生主体性的多样化学习方式，促使学生主动地、富有个性化地学习。

交互中心平台、主体、客体、工具及行为等组成翻转课堂远程交互式教学系统，其中云计算交互中心平台是系统的核心，教学流程、教学内容、教学环境、交流工具、学习主体等的交互性决定了系统整体交互行为及其交互程度。多维、立体、高交互性、高灵活性的翻转课堂远程交互式教学系统，不但能够记录学生的学习过程，及时统计学生的学习状况，便于教师有针对性地组织课堂活动，从根本上解决翻转课堂课前教学因高校师生在空间上分离而引发的学生“失控”状态，真正实现对学生的远程管理与监控；而且能让学生身临其境地感受互动学习氛围，激发学生学习的潜能、积极性和主动性，促进学生合作学习、探究学习，提高学生的思维能力与创新能力，大力提升翻转课堂教学效果。

## 第四节　深度学习的意义场域构建研究

深度学习场域的建构重点是意义场域的建构，但意义场域离不开物理场域，意义场域建构的核心是物理场域与意义场域的相互交融与形塑过程。教学意义情境不会自动生成，必须基于一定的条件和生成策略，必须围绕“目标陈述主题化”“主题导向问题化”“问题激活行为化”的策略有序进行并展开。“深度学习”意义场域主要包括“深度学习”模式、“深度学习”物理场域与意义场域的相互交融，以及“深度学习”学生专注力情境等内容。

## 一、深度学习背景下的翻转课堂模式

不同的教学模式体现了教育场域中不同的社会关系与权力关系，“深度学习”教学模式既是场域的时空要素，又是场域的实质性要素。以移动互联网、云计算、物联网、大数据等为代表的新一代信息技术，正在推动全社会各领域的深刻变革，教育领域翻转课堂教学模式、研讨式教学模式、项目式教学模式、基于SPOC的深度学习模式、创客教育模式等新型深度学习模式不断出现，成为“深度学习”意义场域建构的重要内容。

### （一）创客教育模式

21世纪，国际化、信息化、网络化、个性化逐渐成为世纪的“标记”。互联网与各行业的跨界融合，必将催生全新的经济形态，也就是近期流行的“互联网+”的概念。除了行业形态的升级改造外，互联网以及诸多新兴技术，如3D技术（含3D显示技术、3D虚拟现实技术和3D打印技术）、开源软/硬件等，也在对个体创新产生实质性影响，推动了全球创客运动的发展。

“创客空间”不仅仅是一个物理空间或工具空间，还内含基于人际互联的社区，具有一定的教育目标指向——主要指向让创客能够主动、积极、有效地设计、建模、创造作品；创客空间的组织形式多种多样——可能是基于创客个体自发形成的相对松散的、主要支持个体之间分享的空间，也可能是由一些盈利性组织提供的专属创客空间，或者公益创客空间，他们的共同目标都在于为创客提供接入创造设备、工具与资源的机会。

1. 创客空间概念解读

创客空间概念解读理解应有三层：①环境层面的创客空间是一种能共享所有资源，具备分享特质的氛围；②精神层面的创客空间并非资源和空间本身，而是一种协作、分享、创造的人生理念；③功能层面的创客空间能促进技能学习和人类知识创新。创客空间不但是一个物理空间或物理场域，更是一个基于创造的社会关系空间或意义场域。

创客教育是在当今创客运动的浪潮之下，在教育界兴起的教育创新现象。创客教育是一种融合信息技术，秉承“开放、实践、探究、体验、创新、分享”教育理念，以“创造中学”为主要学习方式和以培养各类创新型人才为目的的新型教育模式。其核心是支持学生开展基于创造的学习，而基于创造的学习的关键是对学生学习主体性、实践性、深度参与性、连续性与完整性（学生往往需要完成从规划到设计再到开发制作产品的完整过程）的充分尊重。学生在基于创造的学习过程中需要主动发现、自主探究，在发现、分析与解决问题的过程中创生、验证、发展出自己的创想，在提升问题解决能力的同时又保持创造的激情与信心，这些都是创造与创新能力的核心品质。

做中学、快乐教育、体验教育、DIY 教育、大成智慧、构造论是创客教育的主要理论基础。创客教育的教学内容将承载创新、制造、智能多个侧面，创新表现在创新思维和跨界思维。创新思维旨在培养学生用创意设计的方法结合各种情景，以特定的工程目标开展原创性研究、解决问题。创客教育空间是虚实融合的个人—集体交互学习空间。实体空间是提供创客项目实践的场所，虚拟空间的职责可能包含学习资源（如创客项目背景知识）提供，创客项目的过程管理，项目实施过程的监控与记录，已完成项目的案例总结与分享等功能等。虚实结合的创客教育空间既是实践平台，也是绩效管理与评价平台，同时还是创客学习资源开放共享平台。

理想的创客学习环境是一种围绕技术探究和互动创作的工作坊（workshop），使用翻转课堂和基于项目的学习模式，教室周围是电子图书馆，学生可以根据精选视频和社区资料自学，教室的中心则是讨论桌、加工工具、实验仪器和展示平台，学生基于具体的项目，解决真实情境下的问题。创客教育具有无限的价值潜能，将对个体发展、课程改革、教育系统变革以及国家人才战略产生重大影响。

2. 创客教育模式的特征

（1）以学生为中心。在传统的课堂里，教师是权威、知识的传播者，也是课堂的中心。然而，在创客教育中，没有固定的课程大纲，也没有规定的知识讲授，由传统的以教师为中心转换为以学生为中心的社会关系。创客教育鼓励创新意识和团队精神，也提倡松散自由的学习空间。在这种环境下，每一个学生都有变成某一领域专家的潜力。教师不再机械地教授知识，而是变成了课堂的设计者和组织者。在这种情况下，教师应该放开心态，不再把自己当成权威，而是和学生们一同成为一个学生。

（2）体现“做中学”与“快乐教育”的理念。创客教育背后蕴含着丰富的教育理念，其中最突出的便是美国实用主义教育家杜威提出的“做中学”思想。“做中学”也就是“从活动中学”“从真实体验中学”，将所学知识与生活实践联系起来，知行合一。

做中学主要涵盖艺术活动（如绘画、唱歌）、手工活动（如烹饪、纺织）和需要动手操作的科学研究（如机器人研发、物质合成）三个方面。信息技术的应用进一步拓宽了“做”的广度和深度，提升了“做”的速度，也使得“做”出的成果传播得更快、更远。除了“做中学”思想，快乐教育也是创客教育背后的重要理念。创客教育赋予学生更多自由和选择的权利，使他们可以听从自己内心最真实的声音而非迫于家长、教师、考试、升学等外在压力，从容地选择创作主题、材料、工具、伙伴等，亲自动手设计、制作、检验，享受创造的乐趣。创客教育既是“做中学”，也是“做中玩”。创客教育往往指向现实问题的解决，是一种问题导向式教育，让学生发现现实问题，寻求创意的解决方法并通过努力使之变成现实。

（3）创客教育模式是一种体验探究式学习方式。“做中学”是创客背后的核心理念，创造即学习。一件作品的创造往往需要跨越多个学科，综合应用多种知识和技能，不断探究、体验、实验和检验。创客在解决问题的过程中不断学习新知识，并通过实践应用将知识内化、巩固和提升。这种个性化的实践与探究能力、问题解决能力正是当前学校教育所忽视和亟待增强的。创客教育也为解决当前人才培养中存在的高分低能、创新人才缺乏等现实问题，提供了新的解决思路。

（4）创客教育是一种自由、开放、民主、草根传播的社会文化。基于创造的学习往往是自发的，创造的过程是学生独立或协同地发现问题、分析问题并利用多种工具与资源创造产品解决问题的过程，是学生基于自驱动、综合多学科的知识寻找问题解决最佳路径的过程。创客教育情境下的学生对自己的学习任务、路径与资源选择有自主权，带着问题学习的同时又为了解决问题，深度卷入学习过程之中，更容易生成新的创意。

人类的发展史已经证明，只有真正拥有自由、开放、民主的社会，才能源源不断地产生创新的动力。创客教育就是要营造一种无拘无束、自由发挥、开放交流、全民参与的社会文化，鼓励更多喜欢创造、探索、分享的民众，通过亲自动手设计、制作、修改、完善，进而创造出独一无二的产品和服务。

（5）创客教育是一种寻求突破、不走寻常路的人生态度。创客是一批有强烈的内在动机和兴趣驱动的创意设计与实现者。创客教育跨越了年龄、性别和种族，人人皆可参与。

只要教师有创意的想法，愿意通过不断尝试、协作、交流将创意变成现实并通过创客社区分享，发布者就是创客。创造的过程从来都是曲折的，一件看似简单的创意作品，其背后可能会遭遇诸多挑战、困难和挫折。在基于创造的学习过程中，作为创客的学生可以深度参与设计、创造、建设、开发与发现过程，不断经历失败却又努力再次尝试，直至完成创造过程。创客是一群快乐的游玩者，享受着创造带来的无穷乐趣。

创客教育对促进素质教育的发展有重要意义。创新的核心是人，人的创新能力培养重在以兴趣为导向的素质教育。创客教育的实施可进一步拓展学生的体验和想象力，提高学生的动手创造力与高阶思维能力，这正是建设创新型社会对素质教育提出的要求。

## （二）翻转课堂教学模式研究

1. 翻转课堂背景下的软件开发型教学模式

根据翻转课堂的内涵以及建构主义学习理论、系统化教学设计理论，在翻转课堂模型的基础上，构建了以信息技术和活动学习为有力杠杆的翻转课堂模型，该模型包括课前学习和课堂学习两个过程，信息技术的支持和学习活动的顺利开展保证了个性化协作式学习环境的构建与生成。“太极学堂”将翻转课堂的理念、中国传统文化中的太极思想、认知领域教学目标分类理论相融合，构建出一个太极环式的翻转课堂模型。太极环式模型能够很好地体现“教”与“学”教学相长、和谐共济、互相转化的关系。

基于通过技术能为学生提供支持与通过网络能接触更多学习伙伴、社区成员以激发学习动力这一认识，构建了以课外、课内为时间分段，以学生为中心，以电子书包为核心技术手段的翻转课堂模式。这种模式能实现课堂教学中主动权、讲课时间、班级教学向个别化教学等几个转换。

依据翻转课堂的内涵及布鲁姆的掌握学习理论、建构主义学习理论，在 Robert Talbert 的翻转课堂模型的基础上，设计出基于 QQ 群+TalbertPC 的翻转课堂模型。QQ 群和平板电脑是构建翻转课堂的有力工具，能保证信息传递、学习活动的顺利实施和个性化协作学习环境的创设。

结合软件工程专业的特征，对 Robert Talbert 提出的翻转课堂模型进行改进，构建了软件工程翻转课堂模型及其云计算教学平台。以软件工程专业软件开发类课程为例，构建翻转课堂教学模式。翻转课堂教学模式的意义在于通过丰富多彩的课堂活动，如项目训练、案例研究、科学实验等，实现学生对知识的理解、内化与应用，进而实现深度学习的目标。

（1）软件开发类课程教学模式。软件开发类课程内容多、学时少、理论抽象、实践性强，在软件开发类课程教学中运用翻转课堂教学模式，学生课前自主学习理论，课堂开发、研讨真实企业项目，所有学生获得个性化教育，提高学生的实践操作能力、创新能力，实现高校人才培养与企业需求的无缝对接。软件开发类课程教学适合于采取以项目开发过程为主轴的教学方式，按项目的构建过程为线索安排教学步骤，整个教学过程由项目任务来驱动，以一个小而完整的软件开发项目贯穿于整个课程教学过程的始终，基础理论知识的讲授围绕项目开发需求来组织、展开。软件开发类课程翻转课堂教学模式主要包括以下方面：

1）课前视频学习。课前视频学习是课堂训练内化的基础知识准备阶段，学习效果的好坏直接影响课堂训练。首先，教师根据本课程的特征、教学目标与知识体系要求挑选软件开发项目，安排教学活动，按照“反工艺”顺序的思想，以项目开发过程与需求为中心，设计每一堂课的基础理论知识点与训练习题。然后，教师将理论知识制作成精简视频，并上传至云计算网络教学平台，安排学生课前观看教学视频并完成知识点的训练与测验。

学生按照教师布置的学习任务，结合个人需要，自定进度、节奏、速度与方式自主学习。基础好的学生可以加快学习，基础差的学生可以放慢进度或重复观看视频反复学习。教师在知识点讲解之前设计问题，让学生带着问题观看视频并在其中寻找答案。在每个知识点讲解播放结束之后，学生完成教师布置的训练题，测验结果通过网络系统即时反馈给学生。学生会产生很多疑问，然后对训练结果与疑问进行整理，带进课堂向教师提出质疑或者通过云计算网络教学平台与教师进行交流。

2）课堂训练内化。设计课堂活动。翻转课堂成功的关键在于通过组织课堂活动完成知识内化的最大化。对于软件开发类课程的课堂教学，教师围绕软件项目开发的可行性、需求分析、总体设计、详细设计、编码、测试、运行与维护等全过程设计课堂活动。不同软件开发类课程有不同的要求与侧重点，课堂活动的设计必须满足该课程目标。根据软件项目训练完成的工作量与时间长短，课程目标可以分为：①学期目标。学期目标是指贯穿于整个学期中的课程项目目标，它基本覆盖了该课程的主要知识体系，需要完成一个完整的项目才能实现。②单元目标。单元目标和课时目标是学期目标在时间与空间上的分解。单元目标是学期中一个完整项目中的子项目或分项目目标，涉及软件开发过程的一个或几个环节。③课时目标。课时目标是子项目或分项目中的一项或几项任务，也是每次课或每节课应达到的教学目的，一般只涉及项目开发全过程中的某一个环节。不同软件开发类课程涉及项目开发环节也不一样，应有重点地选择、设计其软件开发环节与课堂活动。

3）进行课堂训练。

第一，教师针对学生课前提出的问题答疑解惑，或者根据学生课前理论知识测试的反馈情况，有针对性地讲解相关知识点。

第二，教师按照预先设计的课堂活动，简单介绍课时目标，引导学生了解项目课时目标与任务。

第三，模拟企业项目开发小组组建学习团队，4~6人组成一个项目开发小组，每小组推选出一名组长。项目组长负责任务分配、进度跟踪和质量监控，教师抽查各组进度状况。组长组织成员进行软件需求分析、系统设计、编码、功能测试等工作，成员分工协作，既可独立完成某一新知识型任务，也可以协作探究，共同完成某一相对复杂的任务。

在项目训练过程中，学生体验、感受和领悟新知识，遇到问题可以用相互学习、共同研讨的方式解决，也可以与教师进行一对一或是一对多的交流。对于学生存在的共性问题，教师可以统一示范，集体解决。教师在回答学生问题并适当点拨理论知识的同时，不断引导学生思考更深层次的问题。这样，学生在“训练—研讨—创新—提问—点拨—再训练—再创新”的过程中不断提升。课堂经过翻转，增加了师生和生生之间的互动和个性化的接触时间，教师不再是高高在上的圣人，学生也不再是唯命是从的信徒，课堂成为学生进行项目训练、解决问题的场所，学生在“做中学”中理解与应用理论、学习理论，最大限度地完成知识内化。

提交活动成果。每一次课结束以后，学生将以小组名义提交活动成果，当完成软件开发训练过程的一个环节时，输出项目开发文档。所有活动成果或开发文档通过云计算网络教学平台提交，教师对学生完成课时目标与单元目标的情况进行即时总结、评价，并安排下一次课的学习内容。

第四，课后固化。课后，每个学生重温项目训练过程中出现的错误与创新，对教师在课堂上的总结与评价进行回顾与反思，检查、修改已提交的文档，还可以通过云计算网络教学平台重新提交，温故而知新。

（2）软件开发类课程构成要素。

1）网络教学平台。课前学生视频观看、训练与测验、学生管理与监控、学生学习状态信息的获取、师生交流、课堂学生软件开发与文档提交、学生成绩评定等都离不开网络教学平台。

为了降低学校固定资产投资与运行成本，减轻学生负担，为师生提供方便，需要建立云计算网络教学平台。在云计算环境下，翻转课堂云计算教学平台将学生课前与课堂管理、软件开发过程管理、视频资源管理、师生交流管理等管理子系统封装成“云服务”，也可以将软件开发环境、云教材、云项目、教学视频、课件、课前训练、开发工具等各种教学资源封装成“云服务”向资源的开发与使用者提供，提高教学资源的利用率。用户无时空限制，通过采用手机、PDA 或平板电脑等终端设备登录云计算教学平台。

教师通过登录云计算教学平台开发或安装视频数据库管理软件、视频数据查询下载系统、视频素材加工和播放等软件，上传视频资源、课件、训练题等教学资源，也可以直接在云中开发教学资源、学生课前训练与测验系统，监控学生课前训练情况。学生可以登录云计算教学平台课前管理子系统观看教学视频，进行在线练习并测试，检验学习效果，还可以进行课程资源的浏览和学习，建立自己的学习资源库和学习计划，保存常用的学习资源，进行长期持续的学习。

教师可以在云中直接建设软件开发环境；学生可以在云中直接开发真实项目，学生开发的过程与文档通过云计算学生课堂管理子系统输出；教师可以监控、评价学生课堂训练情况；学生对学习中遇到的问题可以通过教学平台及时与教师进行交流。学校管理员主要管理各种云服务的整体运行、使用权限、资费及各类用户信息等。教师主要在“云”中进行资源的开发、补充、修改、维护及进行学生指导与管理，学生主要在“云”中进行项目训练、学习理论知识、体验企业工作环境，校企合作企业在“云”中建立真实项目库，并配合学校对项目进行可教学化改造。

2）视频讲解。视频内容不但要与课时目标、课堂训练内容高度相符，这是翻转课堂课前理论学习的基本要求，而且要求简明、清晰、到位地解释新知识点，具有逻辑性、层次性、递进性，同时要注意讲授节奏、选取的例子、互动策略。建构主义学习理论认为，人对知识的接受是运用原有知识对新知识的理解和建构。因此，形象直观、声情并茂的情境式教学是促进学生理解、认识和感受新知识最好的方法与手段。

在翻转课堂中，学生基础理论知识的学习主要通过观看教师提供的网络教学视频来完成，视频的视觉效果、互动性、时间长度等对学生的学习效果有着重要的影响。通过采用文字、语言、声音、动画、影像等多种多媒体形式来表现和完成教学活动，教学视频更具情境性，呈现的知识信息内容是多维、立体、动态的，让人的视觉、听觉、动觉能力协调配合，学生参与学习，激发兴趣，增加理解深度，从而提高学习效率。

3）课堂活动。教学内容在课外传递给学生以后，课堂内更需要高质量的学习活动，让学生有机会在具体环境中应用所学知识。软件开发类课程翻转课堂以真实软件项目开发为核心，综合运用专题研讨、竞争、评比与交流等课堂活动，充分发挥学生的主体性，完成对课前所学知识的内化与提升。

第一，项目训练。项目的选择要来源于真实企业的真实项目，有校企合作企业专家的参与，从学生实际情况出发精心挑选，难度要适中，还要考虑学生兴趣、爱好、认知特点。项目训练采取小组协作开发与个人探索相结合的方式，互相激励，主动参与，建构个人的知识，同时实现个人与小组的目标。

第二，专题研讨。教师根据项目实施的难点、课程目标、学生观看教学视频及课前训练中存在的问题，总结出一些有探究价值的问题并组织专题研讨。项目小组通过采用集体训练、独立思考、共同分析、协作探究等手段从事意义建构。教师构建、引导学生进入更高研讨境界的课堂教学程序：突出关键点、形成关注问题、激发扩散思维、树立批判意识。让学生在思想碰撞、迁移、联想中激发智慧，形成解决问题的信念、方法和毅力。

第三，竞争。教师建立小组竞争机制，展开各组之间的竞争。各小组的开发过程通过云计算教学平台对其他组开放，各组成员可以随时了解其他组的开发进度、质量控制、团队协作等过程信息，形成企业竞争氛围，促进各组项目顺利完成。同时，培养学生危机感，树立竞争理念。

第四，评比与交流。单元目标与学期目标完成以后，各组展示软件产品，学生互评，教师评价。一方面，享受成就，交流经验，深化学习成果；另一方面，提高沟通能力。

课堂活动要求教师善于策划协作探究的主题，指导而不是直接要求学生怎么做，善于观察、总结、组织交流讨论，善于激发学生的探究热情。翻转课堂中丰富多彩的课堂活动让所有学生都有事可做，大家“动”起来，“忙”起来，“想”起来，人人都主动学习。

4）课程资源。教学课程资源分为媒体素材（文本类素材、图形图像类素材、音频类素材、视频类素材、动画类素材）、试题库、课件与网络课件、案例、文献资料、常见问题解答、资源目录索引、网络课程八类。软件开发类翻转课堂课程资源可以分为以下类型：

第一，基础理论学习资料。基础理论学习资料以教材、讲解视频、课件为主，参考资料、案例为辅。网络教材、视频、课件最好具有互动性。如加州河畔联合学区采用了基于 iPad 的数字化互动教材，这套用于试验的代数 1 的互动教材由专门的教材公司开发，里面融合了丰富的媒体材料，包括文本、图片、3D 动画和视频等，还结合了笔记、交流与分享功能。与其他自备视频和教学材料的翻转课堂相比，互动教材更节省教师的时间，更吸引学生沉浸其中。

第二，课堂训练资源。课堂训练资源主要包括：软件开发环境，企业实际软件项目库、案例库，实训教材，软件开发专用技术资料，重点、难点讲解资料及相关文档、模板等。软件开发环境主要指进行软件开发的各种技术和软件工具，还包括相关的帮助文档、开发文档，软件开发环境应该符合 IT 业界使用的主流技术和开发工具。

第三，课外训练资源。一是课前视频理论学习相配套的训练题，二是学生自主训练小案例、微型项目。教师需要在云计算教学平台中建立试题库，对于客观试题，云计算系统要能自动评定答案，并能统计反馈。

第四，教学指导文件。为了增强教师教学与学生学习的计划性、目的性，在教学平台上需要设置教学大纲、教学安排与日志、教学要求及方法、项目开发计划等教学指导性文件。

2. 翻转课堂背景下的研讨式教学模式

研讨式教学是用研讨的方式开展教学的一种教学方法。它是以解决问题为中心，通过由教师创设问题情境，师生共同查找资料，研究、讨论、实践、探索，提出解决问题的方法，使学生掌握知识和技能，促进学生对知识的迁移、应用与创造，达到深度学习的目的。研讨式教学包括研究与探讨两个主要阶段：研究是剖析问题本质、追索问题本源、寻求问题答案，以达到消除疑问、解决问题的目的，主要包括学生选题、学习研究、撰写研究报告、制作电子讲稿等环节；探讨就是亮出观点、交流思想、碰撞思维，以达到凝聚共识、加深理解的目的，包括讨论交流和总结提升阶段。

研讨式教学具有三个基本特征：①学生的主体性，即学生“自主学习”；②研讨活动的实践性，即活动内容来自“现实世界”；③问题性，即研讨的目的旨在解决实际问题。研讨式教学以学生为主体、教师为主导，教师由知识的传授者转变为学生学习方法的引导者，工作重心从“授”转变为“导”，教师当“导演”，学生当“演员”，这种模式体现了教学民主化、个性化，创造师生、生生之间平等、互相尊重的教学环境，达到和谐共进、教学相长的境界。当今，我国越来越多的高校在不同程度地尝试与深化研讨式教学，为提升本科教学质量起到了积极作用。

（1）翻转课堂与研讨式教学的关系。根据翻转课堂的内涵可知，学生理论知识的学习在课前通过观看视频完成，课堂是学生参加教师组织的课堂活动并完成知识内化的场所。课堂活动可以多种多样，如做课堂作业、项目协作探究、案例讨论、问题研讨、做实验、交流学习成果等。在进行项目训练与案例讨论过程中，同样会遇到诸多的问题需要分析、讨论与解决。可以通过边进行项目训练边解决新问题实现知识内化，项目与案例则成为研讨问题的载体。教师围绕知识点内化设计一些微项目、微案例，并设置相关具有探究价值的问题，让课堂活动变得丰富多彩。因此，问题研讨是翻转课堂很重要的课堂活动。

研讨式教学是围绕“问题”而展开训练、研究与讨论的教学模式，它体现的是一种团队学习、合作研究的教育理念。若将课堂绝大部分时间用于课堂活动，课堂成为师生、生生进行问题研讨与交流的场所，可以从根本上解决传统课堂“一本版本”“填鸭式”教学所带来的弊端。但要在有限的课堂时间内完成研讨式教学任务，有必要将传授理论知识的时间移到课前来完成，此时的课堂实际上就是翻转课堂。因此，将翻转课堂教学理念融入研讨式教学是一个很好的选择，翻转课堂为研讨式教学提供了时间与空间。

翻转课堂变更了传统教学流程，为有效推行研讨式教学创造了良好的条件。研讨式教学为翻转课堂组织课堂活动提供了丰富多彩的内容。两种教学模式都以学生为中心，以学生能力培养为根本目标，给予学生更多参与学习的机会，充分发挥学生主体的能动性，最大限度地实现知识内化。二者具有高度的同一性、互补性，二者的有机结合将更能发挥其优势，克服弊端，为进一步提高教学改革效果提供新的思路。

（2）翻转课堂背景下的研讨式教学模式设计。基于翻转课堂的研讨式教学模式实质是翻转课堂与研讨式教学的有机结合，包括课前准备、课中研讨、课后巩固三个相互关联的阶段。这三个阶段是一种渐进式的知识内化过程，前一次知识内化是后一次知识内化的基础，形成一种因素叠加的效果。翻转课堂关注的是知识内化的内在条件，甚至可以说是知识内化的深度。

1）研讨准备。

第一，教师根据本专业的培养目标与教学计划的要求制定课程目标，并将课程目标分解为单元目标，再进一步将单元目标分解为知识点目标。根据课程目标制定课程教学大纲，界定知识体系涵盖范围，根据单元目标将课程知识体系分解为若干个模块，根据知识点目标将各模块分解为若干个知识点，即将课程内容进行碎片化处理。

第二，根据知识点目标的要求制作微视频、PPT与训练习题，设计微项目、微案例与问题情景，并设置多个研讨问题。每个模块的微项目、微案例可以组成一个完整的小项目或案例，每个小项目或案例可以组成一个完整的中型项目或案例；或者，一个中型项目或案例可以分解成若干个小项目或案例，每个小项目或案例又可以分解成若干个微项目或微案例，其目的是为了让学生对每个单元或这一门课程通过训练与研讨后有一个完整的认识。教师自制的每个微视频，无论长短，一般只讲授一个知识点且紧紧围绕该知识点，其目的在于力求让学生在视频长度的时间内，全面掌握视频所授知识点。

第三，教师确定课堂研讨任务与范围，设计课堂研讨流程与评价标准。

第四，教师通过网络平台在线指导、答疑并快速统计学生学习情况。

学生课前要自主观看教师事先提供的教学视频，自定进度、节奏、速度与方式，自主学习新知识，并独立完成少量训练与测验。针对教师布置的研讨微项目或案例查找、收集研究资料，自主分析、探索问题，做好课堂研讨的准备。整理并通过网络发布问题，进行生生、师生在线交流，分享资源、观点、见解，拓展知识领域，发现新问题，将不懂的知识甄别出来，这是学生第一次知识内化。

2）研讨过程。

第一，教师针对学生课前视频学习的反馈情况，简要地讲解疑点、难点。

第二，教师按照课前设计的研讨微项目、微案例及其相关问题，简单介绍课堂研讨的目标与评价的方法，引导学生了解研讨的目标与任务。

第三，根据学生的兴趣爱好，布置学生自行组建研讨小组，一般 4~6 人组成一个小组，每小组自行推选出一名组长。小组根据研讨的目标，自行确定研讨方案，进行项目分解与任务分工。组长主要承担组织领导与协调的职能，小组成员分工协作，既可独立训练，完成某一新任务，也可以协同探究，共同完成某一相对复杂的任务，共同探讨较为复杂的问题。教师监控、指导研讨全过程，引导学生质疑、探究与创新，与学生进行一对一或一对多的交流，即时解决学生问题，并不断引导学生思考问题。各小组对初步研讨成果进行内部交流与自评，完善、丰富成果以后，进行成果展示与汇报，再进行小组互评、小组提问、小组答辩，小组之间通过竞争等方式积极参与问题解决。教师参与小组互评，提出深层次问题，学生探讨、回答深层次问题，不断拓展知识领域。教师通过突出关键点、形成关注问题、激发扩散思维、树立批判意识，引导学生在思维碰撞、迁移、联想中激发智慧，形成解决问题的信念、方法和毅力。教师在课堂上主要扮演教练和协调人的角色，师生通过课堂上的协作互动对所学知识点做更深入细致的研究。

第四，教师评定小组研讨成绩，小组对成绩有异议的还可以申诉。

第五，教师布置下一堂课视频学习内容与训练题、研讨项目、案例及其问题情景。学生在“训练—研讨—提问—点拨—创新—再研讨—再创新”的过程中，不断理解新知识，解决新问题，这一过程是学生第二次知识内化，是第一次知识内化的深化，也是学生灵活应用知识、对所学知识融会贯通的最重要环节。

3）研讨巩固。学生回顾课堂研讨中的问题并提出新问题，教师通过网络平台帮助学生解决遗留问题，不断总结、改进课堂研讨的不足。这一过程既是教师组织研讨式教学的提升阶段，又是学生温故知新、实现知识内化的第三阶段。

3. 翻转课堂背景下的项目化教学模式

项目教学法是指师生通过共同实施一个完整的项目而进行的教学活动，通过任务驱动的方式调动学生主动获取知识和解决问题，通过学生之间、师生之间交流、讨论、演示、评价等多种方式激发学生的学习热情，增强理论与实践的联系，提高学生的动手能力、思维能力、探究能力和创新能力。项目教学法的核心思想就是让学生“从做中学”。

现有研究多以课程教学改革为对象，以提高学生学习兴趣与实践能力为目的，以实践教学改革为重点，从教学内容、教学过程等微观层面进行探讨。而对于从中观与宏观层面，如何运用项目管理理论改进软件工程专业教学实施体系，融合理论与实践，探讨各环节之间的关联性，现有研究成果较少。项目训练与实践的过程，是知识应用、迁移与创新的过程，项目化教学是深度学习的一种重要方法与模式。

（1）项目化的课程体系。项目化的课程体系不但要求课程的开设要紧紧围绕项目来设置，而且要求重新调整课程内容。优化教学大纲，精简课程内容，删除完成项目多余的教学内容，增加完成项目必需的内容；删除各课程之间的重复部分，增加课程之间的衔接性、递进性环节，注重课程之间的横向、纵向关联性，利于学生清晰地把握软件工程知识体系；每届学生的课程内容、知识点根据就业需求的变化及时调整；增加第二课堂课程内容，开展课外科技创新项目活动，重点培养学生的创新精神和创新能力。

（2）项目化的教学管理体系。项目化的教学管理体系是一种典型的矩阵式结构，各层次采用项目经理负责制。课程教师全面负责该课程的教学与课程项目的实施，若同一门课程由两名以上教师承担教学任务，则指定教学经验丰富、教学水平较高且管理能力较强的教师担任课程项目经理，组织探讨该课程的授课方式与方法。对于专业核心课程教学、课程设计及毕业设计，均采用双导师制，即学校导师和企业导师共同完成同班同门课程。理论教学以学校导师为主，实践教学以企业导师为主。课程模块项目经理直接领导该课程模块教师，统一协调课程项目与课程内容。年级项目经理则直接指挥课程模块项目经理，分析该年级的行业需求，制定年级人才培养总目标与分目标，组织设计年级课程体系，修改年级教学计划，选择毕业设计、课程设计项目。

项目化的教学管理体系相对于传统的职能管理体系而言，具有以下优点：①年级项目经理直接面向市场需求与软件企业，所制定的年级人才培养总目标与分目标更加符合行业的发展动态；②年级项目经理直接协调课程模块项目经理的活动，所制定的课程体系与项目体系更具有系统性，各课程模块之间的协调性也更好；③同一课程由课程教师（项目经理）全面负责，强化了责任，还可以更为有效地推行“双导师”制，同时，在课程模块项目经理的协调下开展工作，增强了横向联系，减少了课程内容的重复与脱节现象。

（3）项目化的课堂教学模式。项目化的课堂教学模式体现为：①课堂讲授的内容应围绕项目设定，以“布置项目”的方式引入有关概念和知识点，完成项目需要什么理论，讲授什么理论；②模拟企业工作环境实施课堂微型项目，并且先做项目后讲理论或是边做项目边讲理论，让学生真正在“做中学”或者是在“边做边学”中学习理论，应用理论，而非“学中做”或“为学而学”；③分组教学、小组评审与课堂答辩相结合，课堂组织过程项目化。学生以项目组为单位承担项目开发与学习，推行学生组长（项目经理）负责制与项目组评审机制，项目开发阶段结束之后在课堂上展示自己的设计方案、实现方法，面向教师答辩，接受同学提问；④建立项目开发平台、学生作品展示平台、专业知识共享平台，教学管理平台化，拓展课堂教学的空间。

项目化的课堂教学以项目为主线，教师为引导，学生为主体，教师是“导演”，学生是“演员”，教师精讲，学生多练。教师介绍项目背景，提出项目目标并分析项目任务，学生通过对项目背景与目标的了解，分组探讨并进行项目需求分析；学生在系统分析与设计的过程中不断提出疑问。教师回答学生疑问，讲解理论知识，不断地引导学生思考更深层次的问题，教师在“项目—任务—知识点”的分解过程中，理顺各知识点之间的关联性，并整合其他相关课程内容，便于学生建立起课程之间知识点的关联，构建横向和纵向的立体化知识网络；学生提交、展示设计成果并答辩，教师进行点评总结，并进一步提升理论知识。

（4）项目化的教学考评体系。教学评价是教学实施体系的最后一个环节，是对教师教学、学生学习效果的检查与反馈，也是对教学实施体系有效性的验证。项目化教学考评指标体系是一种以教学质量控制为目的的结果导向型的考评方法，主要考察各级项目经理及团队完成项目目标的程度，包括项目总体成效、团队管理成效、工作关系处理成效等方面。

### （三）基于SPOC的深度学习模式

1. 从MOOC到SPOC

MOOC对高校实体教学的影响很小，而这原本应是高校的初衷。

SPOC是将MOOC教学资源，如微视频、学习资料、训练与测验、机器自动评分、站内论坛等，应用到小规模的实体校园（不限于校内）的一种课程教育模式，实质是将优质MOOC课程资源与课堂教学有机结合，借以翻转教学流程，变革教学结构，提升教学质量，它既能充分发挥MOOC的优势，又能有效地弥补MOOC的短板与传统教学存在的不足。

2. SPOC与MOOC比较

MOOC属于网络教学范畴，具有网络教学的一般特性。SPOC是将MOOC的教学内容、教学形式、教育理念和技术平台等进行改进，让MOOC课程能够适用于不同学习群体的一种解决方案，是MOOC的继承、发展与超越。SPOC限制性准入条件，可以对学生的基础层次与专业类型进行细分，易于分层教学。同时，通过对不同学习态度的学生群体进行区分与筛选，具有一定的纪律约束作用，有助于解决 MOOC 学生的高辍学率和低完成率问题。SPOC 学生规模较小，不但可以提高师生的参与度，便于师生一对一交流与答疑，增强教师的教学手段、学生的吞吐量（Throughput）与理解深度，根本解决 MOOC 同伴互评能“教”不能“育”的问题。而且 SPOC 的私密性特征能让通过申请的学生产生一种自豪感、责任感和占有稀缺资源的紧迫感，从而提高学生重视学习的程度和增强学习的动力。

3. 基于 SPOC 的“深度学习”模式

由 SPOC 翻转课堂、DELC 深度学习过程、SPOC 对深度学习的支持三个部分所构成。

（1）SPOC 翻转课堂。SPOC 是 MOOC 的继承与发展，其中心平台的构成与运行流程类似于 MOOC 平台，是网络课堂与实体课堂的有机结合，具有完整的翻转课堂教学流程，可以分为：

第一，线上课前教学。

教师设计、开发教学资源：教师事先设计、开发、制作 SPOC 教学资源，包含以知识点讲解为主的 SPOC 微视频，辅之以 SPOC 微案例、微项目、微实验等微素材训练资源，又以 SPOC“微作业”为主，辅之以在线答疑、在线测试、在线统计等自主学习活动的学习反馈。教师将教学资源上传至 SPOC 中心平台，并布置学生在上课之前自主学习。

学生观看微视频学习新知识：学生按教师的要求注册、登录 SPOC 中心平台并选课，浏览学习资源，自定学习时间、进度与方式观看 SPOC 微视频。

学生训练测验。学生观看微视频以后，进行简要训练与测验，测验结果系统实时自动反馈。

师生、生生交流与评价：训练测验过程中或结束以后，学生对于自己未能理解的疑难问题，可以通过 SPOC 站内论坛或微博、社交网站等交流平台发布，与教师或其他学生探讨。对于通过网络未能解决的问题或新问题，整理后带至课堂，面对面地求助于教师解决。

第二，线下课内教学。

学生课内主要参与教师组织的课堂活动如情境模拟、角色扮演、项目训练、案例讨论、交流辩论、问题研讨、科学实验等，分为课堂导学、课堂研讨、课堂评价等三个相互关联的阶段。

课堂导学：教师通过 SPOC 平台的学习过程记录与统计分析功能，快速了解学生课前视频学习的整体情况，并对疑难问题进行归类、整理；针对学生遇到的这些问题进行点拨或精讲，再布置训练项目、案例与任务，创设训练环境，提出导学问题。

课堂研讨：模拟企业工作团队将学生分组（每组3~5人），以小组为单位进行项目训练、合作探究与问题研讨。在训练过程中，学生遇到问题可以用独立思考或相互交流、共同研讨的方式解决，也可以与教师进行一对一或一对多的交流。对于共性问题，教师可以在小组或班内统一示范，集体解决。教师在为学生解决疑难问题的过程中，引导学生思考更深层次的问题。

课堂评价：学生在班内分组展示自己的作品或讲解自己的研究成果，然后进行学生自评、互评与教师评价。

（2）基于SPOC的DELC深度学习过程模型。可以分为四个递进与循环的过程：

第一，教学准备。教学准备是深度学习的前提与基础，主要包括前端分析、设计教学目标与内容、预评估、营造积极的学习氛围。

前端分析包括：①学生分析。主要分析学生的专业背景、先修课程、兴趣爱好、学习需求、使用SPOC平台的熟练程度等因素。②教学环境分析。主要分析SPOC平台与教学支持系统的功能、教学改革的接受程度、学校的激励政策、学生评价机制等。

设计教学目标与内容。教师在了解学生特征和先备知识的基础上确定教学目标，根据教学目标制订教学计划、教学大纲，设计SPOC课程教学内容及呈现方式。

预评估：教师对所设计和开发的SPOC教学资源进行事前评估，包含教师自我评估与学生评估。通过教学平台的统计分析功能对学生进行调查，评估教学内容的难易程度、信息量、知识性、趣味性、呈现风格及视频制作质量等。

营造积极的学习氛围：深度学习既是个体感知、记忆、思维与分析等的认知过程，又是根植于文化传统、历史背景、现实生活与社会实践的社会建构过程。教师通过加强对SPOC教学平台的功能与流程、教育理念的宣传，塑造和谐、愉快、积极、健康向上的学习文化，激发学生学习的热情与动力。

第二，知识构建。深度学习是一种典型的建构性学习，在一定程度上体现了生成性、积极性、累积性、诊断性、反思性、情境性、目标指引等建构主义理论的核心概念。知识的初步构建主要发生在学生课前观看视频学习和课堂导学阶段。

学生课前自主观看教学视频，进行知识的初步建构。视频中可以嵌入一些具有热身效果的导入问题，或在视频开始部分设计有先期知识的回顾或背景知识的阐述，起到预先激活先期知识的作用。通过对先期知识的回顾与新知识的感受，在新旧知识之间建立联系并初步理解部分新知识。通过思考视频中的嵌入问题与训练，逐渐增大理解的范围与建构的程度。而对于未能理解的问题通过网络交流工具与其他学生或者教师交流，发表观点。由此可以激发学生的内驱力，促进学生反思，有利于加深新旧知识的联系与新知识的进一步理解与建构。在视频的最后，可设计具有探索性的问题，引导学生对新知识或新资源持怀疑的态度，培养批判性思维，逐渐深化知识构建的层次。

教师收集、甄别学生课前视频学习的疑点、难点或共性问题，在课堂上提示或讲解，引导学生将新知识整合到原有的认知结构中，包含新旧知识和信息的联系与整合，经同化或顺应过程，巩固、重建认知结构，从而深化对新的知识的理解与长期保持。教师通过项目、任务驱动，抛出新问题供学生个体反思与共同探讨，既是知识主动构建的过程，又是多学科知识和多渠道信息的整合过程。

第三，迁移应用与创造。知识的迁移应用与创造主要在课堂研讨阶段完成。深度学习是一种有目的的基于问题解决的学习，也是一种基于实践的探究性学习。教师通过组织丰富多彩的课堂活动，引导学生自主训练、合作训练或变式训练，学生在训练中感受、领悟、构建知识，将知识转化为技能，并通过在复杂、丰富、多变的情境中训练和应用技能，把所学的理论知识迁移应用到真实项目与实际问题中，实现对新知识的深度理解与内化。

随着学生训练与研讨的深入，学生对问题的理解也进一步深化，通过师生、生生面对面交互，促进思维碰撞，增进学生自我反思与对新情境的深入理解。在深入理解新情境的基础上，关注解决问题所需的核心论点和关键要素，理解复杂概念、深层知识等非结构化知识，能在相似情境中举一反三、融会贯通，解决复杂的、劣构领域的疑难问题，实现知识的重组性迁移应用与创造。

第四，评价与批判。评价与批判阶段以课堂面对面为主，在线云端智能评价为辅。评价与批判可以促进学生对学习过程与学习结果的反思，培养学生的批判性思维，提升学生深度思考问题的能力。

教师通过建立评价考核机制，鼓励学生对自己以及他人的作品与研究成果进行分析、评价，可以采用讨论、辩论、评比、情景测验、项目评价、谈话评价等多种方式，营造良好的课堂评价氛围。在评价中，注重培养学生的元认知能力。

批判过程是一种主动学习的过程，是学习对象意义呈现的过程，同时也是一种使学生价值立场形成和认识框架重塑的过程。批判性思维包括洞察、分析和评估等思维过程，其基本要素有断言、论题与论证。教师在课堂教学中要主动引导学生破除对传统绝对权威的盲从，启发学生对他人观点的质疑，以批判的态度来对待各种问题，以充实、确凿的证据来进行推理，以科学的标准来检验推理，彻底打破程式性思维问题解决模式，培养学生的发散性思维与创新思维。

（3）SPOC对“深度学习”的支持。

第一，对教学准备的支持。SPOC继承了MOOC“名校、名师、名课”资源及品牌效应，有利于提升教师教学与学生学习的信心，营造积极的文化氛围。SPOC教学资源的开发由专业团队完成，团队成员主要有任课教师、助教、视频制作专业人员等，容易保证SPOC教学资源开发的质量。SPOC技术平台具有基于大数据的学习分析功能，可以帮助教师准确、快速分析学生、学习环境需求，便于有针对性地设计教学目标与教学内容。

第二，对知识构建的支持。深度学习是学生自身发展的需要，必须满足学生的个性化需求。SPOC的限制性申请机制，综合考虑了学生的专业背景、先修课程及其基础、以往表现、个性、特长、兴趣爱好等方面进行分班，可实现分层教学，为不同的学生群体提供异质性教学服务与因材施教。这是知识建构的前提。教学资源的开发有“引进、自制、改造”等方式：①与MOOC课程开发商等进行深度合作，引进优质MOOC课程资源；②建设自有SPOC课程，或与合作方合作开发SPOC教学资源；③把校内已有精品课程资源进行升级改造，或对引进的MOOC课程资源进行二次开发或“本土化”改造。这样，可以为不同学生群体订制课程内容。

SPOC高质量微视频，通常采用多媒体或嵌入式呈现方式，如通过采用文字、语言、动画、声音、影像等多种媒体形式展现，视频中嵌入有问题、微案例、微项目、训练等，视频讲解更具情境性，有利于激发学生参与学习，促进知识建构。SPOC平台播放视频的易调节性及不受时空限制等特性，方便学生进行个性化自主学习。学生通过SPOC内部论坛等多种交互工具及广泛联通的社交网络，进行在线交流与互动、在线话题讨论与思考；通过“路径寻找”的方式建构自己的信息网络，在交流互动过程中相互分享学习资源、观点与见解，促进新知识、新内容的生成。SPOC技术平台具有的机器评判与即时反馈、学习过程记录、学习情况快速统计等功能，可以增强人机交互，激发自主学习动机。还可以综合运用云计算、物联网、人工智能、三维动画、模拟仿真等技术，在SPOC平台上建立虚拟现实、虚拟实验等学习体验与环境，把学生纳入特定的学习情境中训练学习，并和他们所处的情境进行自主的物质和能量的交换，促进知识构建。

第三，对迁移应用与创造的支持。SPOC采用翻转课堂教学模式，基础知识的学习移到课前完成，课堂的大部分时间用于组织课堂活动。SPOC项目、案例与实验本身是一种情境化、整体化的知识表征方式，可以促进学生对知识的有意义的整体感知和对真实情境的体验。SPOC 课堂活动采取团队学习、协作训练、探究学习等多种学习方式。团队学习以小组讨论、一对一交流、一对多交流的方式进行，可以为学生营造良好的面对面互动与对话氛围，促进学生对知识与观点的批判分析、深度反思、挑战与内化，提高创造能力。协作训练、探究学习有助于培养学生解决探索性问题的能力，促使其对知识进行有效的迁移与应用。

第四，对评价与批判的支持。SPOC 评价以课堂评价为主，在线评价为辅，评价主体有同伴、小组、教师等，既容易保证评价的客观性，又容易调动评价主体的主观能动性。SPOC 作品展示、课堂测评、互评与批判等环节能够促进学生对研究成果的比较与鉴别、质疑与反思，对所学知识的综合分析及重新审视所遇到的问题，进而促进学生对知识的深度理解与高阶思维。

## 二、深度学习意义场域的师生关系

深度学习物理场域为学生实现深度学习提供了学习的物理情境、学习平台、学习工具、学习内容，但学生还是有可能会出现上课走神、发呆、睡觉甚至厌学等现象，学生学习的主动性、积极性不高。这是一种物理场在场、意义场不在场的表现，或者是学生离场或缺场行为。

从学生的行为、情感和认知等三个维度展开，认为行为、情感和认知都要达到很高水平时才能取得最高的成绩和最好的学习效果，教师通过改变课堂环境，建立良好的课堂关系，为学生提供更多参与机会，增强课堂互动水平，提高学生学习的专注力，实现深度学习。师生关系、生生关系是“深度学习”课堂教学场域中的重要社会关系，通过建立良好的课堂关系提升学生专注力，主要属于意义情境或意义场域的建构范畴。

### （一）生生关系

由于生生关系不和谐可能出现各种各样的问题，如误解、冲突、妒忌等，甚至有可能导致厌恶学校、班集体而要求转学或退学的现象发生。良好的生生关系，增加学生之间的交往，学生交往影响集体的形成和发展。如果没有学生之间的交往活动，学生集体将无法形成和发展。积极的交往才能形成学生之间稳定的心理联系，增加对集体的凝聚力和向心力。

交往是个人在社会生活中得以生存和发展的基本条件。学生在交往过程中，增长知识，开阔视野，加深对社会的认识与了解。在认识他人的同时，学会认识自己的优点和缺点、长处和短处，认识自己与他人、集体的关系，从中学会一定的行为准则和道德规范。在交往中，学生自身的矛盾会暴露出来，从而推动学生心理发展的矛盾运动。学生只有认识到自己的不足与缺陷，才能促进其个性发展，促进自身社会化的进程。

1. 影响学生自我意识的因素

人总是通过他人来认识自己的。在交往中，学生以自己的同伴为镜子，对照自己，正确地评价分析自己，找出缺点不足，努力完善自己。构建一种合作学习的生生关系，学生以积极的意愿一起学习时，更可能承担起具有较高挑战性的工作任务。学生之间良好的同伴关系能够提升专注力，而同伴的排斥或无法得到同伴的认同，则会对专注力和学业成就产生负面的影响。

2. 影响生生关系的因素

师生关系在一定程度上影响着学生间的人际关系。与教师关系好的学生，常得到教师的认可与夸奖，别人羡慕他，愿与他接近。心理距离近、座次接近、家庭住址接近的学生来往频繁，感情易融洽。学习成绩好的学生，大家都愿与他接近。思想品德表现好、热爱和关心集体的学生，易受到大家好评。具有良好个性特征的同学，易与他人结成良好关系，仪表也是吸引人际交往的因素之一。此外，还有家庭社会地位、经济状况、文化教育水平等因素也影响着学生的交往关系。

（1）平等与尊重。平等与尊重是人际交往的基础。尊重自己，平等地对待他人。在各种学习活动中，教师把接纳同学的意见作为评价的指标，从活动结果来看，大多数学生能做到或认识到彼此接纳。

（2）合作与竞争。教育学理论将“合作”定义为“学生们为了共同目的在一起学习和工作或者完成某项任务的过程”，它是实现“深度学习”课堂教学的重要条件。合作学习作为建构主义理论所提倡的学习方式，强调学生对知识的主动探索、主动发现和对所学知识意义的主动建构，对于促进学生发展解决问题和批判性思维能力上有积极的作用，已成为当今广受欢迎的教学策略之一。合作学习有利于创造良好的情感氛围，主要表现在：①合作学习增加学生的听说机会，尤其是害羞、胆怯、内向的学生能够有更多的交流机会；②学生在小组中进行交流时的焦虑程度远远低于当着全班学生回答问题时的焦虑程度；③小组成员之间的相互合作和相互依赖有助于学生找到归属感和增强他们的自尊心；④学生合作学习中得到更多的积极反馈和帮助，从而激发更高的学习动机；⑤合作学习促进小组成员之间的情感交流。有利于学生学习语言，提高交际能力，并鼓励教师在教学中运用合作法，安排、设计和组织各种小组活动。通过竞争，能让学生们体会到紧张与落后的感觉，锻炼学生的心理承受能力。因此，学生应正确看待竞争，在竞争中彼此推动向前发展。

（3）提高学生的社交技能。教师在午餐时间、课间休息和休息时间，及在非正式的场合里加入学生的对话中，塑造学生的亲社会行为。教师创造一些社交的机会，可以使学生有很好的机会体验成功社交的过程。教师可以请具有良好社交技能的学生帮忙，帮助学生了解当前的社交场景。当学生在社交困难时，教师可以利用学习伙伴、同伴调停者或一对一面授等方式，为学生提供引导。

（4）创建积极响应的课堂。积极响应的课堂，学生聚在一起，共同完成一些活动，培养团队意识，增进学生之间的关爱，或是解决同伴间的矛盾。这种课堂环境能够塑造学生恰当的行为，教授学生社交技能。如协作、自控力、同情心和责任感。

（5）营造赞美与欣赏的氛围。赞美与欣赏是人际交往的基石。学会欣赏，欣赏同学的优点与长处，同时给予赞美。实践和试验表明，两个互相仇视的人，如果在背后听到敌人在赞美自己，仇恨马上就会烟消云散，所有的恩恩怨怨在眨眼之间就归于乌有。

### （二）教育活动的师生关系

师生关系是教育活动得以展开的前提，师生关系因教育而生，为教育而存，承担了专门的教育功能。在教育实践中，教师的教育、教学，学生的学习、理解，都是在一定的情境和氛围中进行的。师生关系作为一种"背景条件"，既作用着每一个学生的心理和学习行为，同时也有力地"支撑"和促发着教师的教学情趣和情绪。

和谐良好的师生关系是在民主的氛围中形成的，是教师和学生建立在相互了解的基础上形成的一种相互尊重、相互认可的民主的关系。这种关系是一种新型的师生关系，是良性的、充满活力的关系，而不是一种冷漠的、封闭的、隔绝的关系。师生之间建立积极紧密的关系是学生专注力和健康发展的根本。教师支持关心自己的学生，更容易让学生产生正面的情感，愿意接受智力方面的挑战，面对困难时也更坚韧。积极的师生关系与行为、情感和认知专注力以及成就、成果的指示标准相关。和谐良好的师生关系中，教师对于学生的性格、心理和能力等各方面都有深刻的了解，有助于因材施教、培养学生良好的身心素质，使之乐观面对丰富多彩的世界。

教师和学生经常交流，有助于教师随时发现学生中存在的问题，从而对学生给予及时的引导和疏通，保证学生健康发展。另外，在民主和谐的氛围中，通过持续不断的讨论，思想与思想的碰撞，有助于学生开阔思路，锻炼思维，激发学生的热情和兴趣，提高学习的效率。良好的师生关系的基本特征是民主平等、尊师爱生、心理相容、教学相长。教师与学生建立良好的课堂关系，能够创造利于深度学习的课堂环境，也有利于支持学生的社交能力和情感的发展，对提高学生行为、情感和认知专注力具有重要作用，可以提高学生的学习兴趣度、喜悦程度以及更低的辍学率，教师为学生提供情感支持，持续创造安全的环境，这样更容易建立一种安全的师生依附关系，使得学生更加勇于冒险，探索所处的环境，尤其对于学习成绩较差的学生，良好的师生关系更为重要。相反，师生矛盾关系预示着低水平的专注力和成就。如教师对学生给予更多的支持，学生在参与、自主学习能力、专注于学业行为、努力、出勤情况、兴趣、价值、学校满意度、社会技能、批判思维技能、自我管理、成绩等方面表现更好。

1. 师生关系的关联性

教师支持包含关怀、友好、理解、奉献和可依靠等特征。良好的师生关系，学生能够培养社交技能和情感理解能力，并且学生之间的关系也会更好。

要了解学生，确立学生主人翁的地位。了解学生长处、发展机会、背景知识、兴趣和学习偏好的教师可以和他们的学生建立更直接的关系。只有了解学生，才有可能帮助其制订切合实际的奋斗目标与进步计划。否则教师的教育工作只能是缘木求鱼、无源之水，也很可能由于缺乏必要的了解，致使工作失误，影响师生关系。

爱护学生的个性特长，创造愉快的学习氛围，多与学生交流，多与他们沟通，将枯燥的课堂变成充满自由和智慧的一种互动学习的天堂。如果学生相信教师并且知道教师所做的一切都是为了学生好，那么学生在课堂上会受到触动，授予学生行动的力量。只有在了解学生的基础上，才能做出对学生最有利的教学策略。可以将兴趣调查表发给学生，询问关于他们的业余爱好和他们喜欢怎样消磨闲暇时间方面的问题。教师应该始终明确自己的身份是学生的服务者、学习的引导者和兴趣的激发者。

改变课堂中教师与学生之间的传统概念。怀着“一切为了学生的发展”的观念，在任何情况下都要帮助学生。只有学生，才是学习的主体、行为的主体，学生的主人翁意识一旦被激发，他们就会自觉地要求学习，自然地要求上进，能学会自我教育，自我管理，学生的个性得到全面的展示。教师要培养学生良好的思想品德，就必须在某种程度上使自己变为学生，成为学生的知心朋友。因而教师必须放下架子，走出办公室，融入学生之中，了解学生，熟悉学生，主动地、努力地创造与学生心灵沟通的条件，在和他们进行交谈对话过程中，提供双方交换思想信息的最有效、最充分的机会。教师只有真正掌握了学生，才能因势利导，有的放矢地对学生进行教育，以达到“传道、授业、解惑”的目的。

2. 教师关怀

建立互爱关怀是满足学校学业目标的必要条件，感受到教师关怀的学生更会专注于学习内容，遵守课堂纪律，敢于做智力上有挑战性的任务。教师可以通过支持学生的社交和情感需求，展现对学生的关怀，如可以倾听学生的话语，与学生互相尊重，更多地去了解学生，理解每名学生的长处与不足。但要注意，关怀要从学生学习的角度考虑，关怀并不意味着教师允许学习差的学生找借口不完成作业或不参加讨论。关怀学生的教师会花更多时间和精力，确保学生完成学业要求。教师可以通过教学内容和方法的选择来展现对学生的关怀。如在工作上特别努力、教学方法独特、把课堂变得有趣，采用会倾听、提问、关注学生、公正等民主沟通方式，关注学生特有的技能，懂得赞赏个性，认真批改作业，提供建设性的表扬意见等反馈意见。

3. 教师专业敏感性

高度敏感的教师能够注意到学生细微的变化，回应的方式也有利于缓和问题。在课堂上再表现出积极的情感，对学生展现出高度的热忱，也可以支持学生对关联性的需求，学生会有更强的学习动机，更高的学习专注力。

教师的热忱对学生的动机和学习具有深远的影响。教师对主题的热忱与学生的成绩、学生的学习动机之间存在正相关；教师参与毕业研究，表现了对学习的热爱，将成为学生学习动机的来源，进而影响学生的成绩。教师展现出的积极情感，将个人对教学的兴趣示范给学生，利用自己的热情和幽默降低学生面对困难问题时的焦虑情绪。教师可以与学生交流、分享个人经历来支持学生对关联性的需求。站在门口欢迎学生并在他们离开教室时道别。视线接触和微笑是十分有效的。学生在课间或是午餐时间时，教师可以在走廊里和学生交谈。与学生分享教师的生活、读书经历、自己学习时遇到的困难以及家庭情况等，教师的写作范例可以是关于自己生活的，对学生变得越真实，学生就会越信任教师，教师给学生以平易近人、与学生打成一片的感觉。

4. 教师关爱学生

关爱是倾听、和蔼、理解、认识到学生是个体、热情而鼓舞人心并且全心全意地热爱学生，经由给予学生积极的反馈、鼓励以及提供成功的学习体验，让学生达到最佳发挥的力量。关爱学生，让学生感觉到并确信教师真的关心他们时，他们将更心甘情愿地接受教师的课堂期许。关爱学生的教师，应具备：要始终如一地加强他们对学生的关系；创造一种热情、支持的课堂文化，它是关爱学生的一个关键要素；知道学生家庭所处的文化环境，因为家庭关系很差或在家中就有行为问题的学生，通常与教师的关系更疏远；尊重学生的机密信息；教师和学生一起做事，而不是为他们和代他们做事；教师教给他们的学生赋予责任，并适时将学生当作成人来对待；教师让学生自己控制课堂，参与决策；教师关心学生和倾听学生不得不面对的事情。

5. 以人为本尊重学生

确立以人为本的思想观念，热爱学生，创新工作理念和方法，建设社会主义和谐社会的关键在于坚持以人为本。建设和谐的师生关系要求学校工作以学生的发展为中心，坚持“教学育人，管理育人，服务育人”的理念，真正把工作的重心转移到学生上来，热爱学生，关心学生成长，关注学生发展，重新确立“促进学生全面发展”的教育目的。教师可以通过倾听、尊重学生关注的事情来表达自己的关怀。每周的班会和班级讨论可以作为学生表达自己关注事宜的机会，也要注意学生个体的行为和感受，对学习成绩差的学生要提供额外的支持。倾听学生的声音，更了解学生。听学生的故事、听学生在课堂中的回答、听学生和其他学生的交谈（只要不涉及他们的隐私）以及听他们的作品。

教师要平等地对待每一个学生，教师应相信自己对学生的任何偏见，学生都会察觉得到，对学生的不公会影响学生的学习动机。注意防止从性别、机敏程度、种族、文化、地位及其他许多方面产生偏见。尤其是要关注智力和情感不健全的学生，因为这种学生与普通学生相比，更难与教师建立积极的关系。对于教师而言，每一个学生都是平等的，不能因为某个学生成绩好就偏爱，某个学生成绩差就无视和苛责。教师只有站在公正的角度上，才能得到班级整体学生的爱戴，威信才能更高，在班级管理中才能保持良好的绩效。在教学中，对于成绩差的学生，要积极给予鼓励，调动其学习积极性，这样，可以使学生更加爱戴教师，尊敬教师。对于调皮的学生，既要保护其个性发展，又要合理引导，以德服人，告诉其严重个性化的危害。在教育教学中，只要教师自己树立良好的师德，公正地对待每一个学生，就一定会形成良好的师生关系。

### （三）创设校园环境，加强师生对话

加强师生对话需要教师在日常教学和工作中创新教学和工作方法。教师要努力创设民主平等的课堂气氛，使学生能够自由踊跃地表达自己的思想、观点和看法；要创设学生和教师面对面讨论的机会，使双方在讨论中提高，在交流中丰富知识，达到共同进步和相互了解的目的。行政人员要注意倾听学生的心声，在制定方针政策或评优评奖中应该多方征集学生的观点，把自己的想法与学生交流，从而取得广泛一致的看法。另外，行政人员在工作中还要以身作则，用实际行动来维护教师队伍的纯洁和声誉。

建立学习共同体，将教师和学生纳入在一个学习体中，通过团队界限的划定，确立师生的“域”，增强师生的团结感、归属感和亲切感。实验表明，建立学习共同体，不但有助于教师形成更加清晰的思维，而且更能增强学生团体学习的积极性。

（1）建立一个属于教师和学生自己的专业社群。通过学生与学生之间、学生和教师之间的交流与对话，形成具有社群独立特点的教育教学风格，通过群体认同感的确立，增强师生之间的情感信任。

（2）进行开放式团体学习。学习共同体的建立，并不是将学生与其他班级隔离开来。独立是为了增强团体归属感，塑造一种良好的学习氛围。

（3）每个教师都会有不同的教学方法，任何两个教师在教学方法上不可能是一模一样的。这就是说，在班级教育教学过程中，鉴于各个班级的教育教学差异，教师需要观察彼此的教育教学行为，在观察之后，彼此分享教学经验，以促进本团体更好地发展。

（4）增强学习共同体之间的交流和沟通。班级之间相互参观，特别是参观那些优秀班级的教育教学，可以很好地学习各个班级教育教学的好做法和教育教学技巧，有助于教师提高教育教学的品质和质量。同时，其他学习共同体的教学反馈，会激起教师更加深入地去思考班级教育教学中存在的问题，促进教师反思能力的发展。教师应该将受教育者从客体状态解放出来，让学生充分发挥自身的潜能与创造力，教师应该倡导与学生进行平等对话和交流，与学生在相互尊重中相互欣赏，与学生在相互理解中共同发展。这应该成为当代教师在师生关系上的价值追求，同时也是教育应该追求的理想。

（5）支持学生的自主性。自主性高的课堂，学生有更高的自主权，学习专注力更高，心理状态更好，对概念的理解更深入，学业成绩也更好。支持学生自主性的教师采用非控制性和陈述性的语言，允许学生用自己的方式学习，鼓励学生为自己的学习负责，给学生更多的机会参与课堂活动与决策。

支持学生的自主性课堂结构更丰富，可以采取以下策略：安排学习机会和材料，使学生能够掌控学习目标、进行交流，而不是被动地观察和听讲；询问学生想要什么；给学生选择学习内容的机会；学生自研究和学生主持会议的方式；给学生时间用自己的方式完成任务；通过沟通，明晰地了解学生的观点；给学生发言的机会；针对学生提出的问题和评论给出反馈意见；学生有进步或掌握知识的迹象时进行表扬；说明某种行动步骤有用的合理理由；鼓励学生坚持，掌握学习知识。

## 三、“深度学习”物理与意义情境的交融

### （一）MOOC 与翻转课堂的融合含义

MOOC 与翻转课堂的融合是一种网络教学与实体课堂教学深度结合的新型混合式教学模式。将 MOOC 中心平台、课程资源、教育理念、学习支持系统、学生跟踪管理系统等进行本土化加工后，融入翻转课堂教学全过程，课前为校园学生提供高效网络学习平台、学习工具与优质学习资源完成新知识的线上学习与训练，课内参加教师组织的线下活动完成知识的内化，实现 MOOC 在高校实体校园教学落地生根。

将翻转课堂的个性化学习理念应用于网络教育，促进 MOOC 由大规模、完全开放课程向小规模、限制性开放课程即小众私密在线课程（SPOC）发展，克服 MOOC 的大规模、完全开放性带来的一系列弊端。二者有机融合的主要目的是在对 MOOC 优质教育资源进行加工、整合与充分利用的基础上，创设“以学生为中心”的个性化课前与课内学习情境和丰富多样的教学活动，运用体验学习、协作训练、批判反思、多重交互、自主探究等多样化的学习方式，深化学生对知识的理解、迁移与应用，激发学生的创新思维，培养学生的高阶思维能力，促进深度学习的发生。

### （二）深度学习物理与意义情境的交融因素

深度学习场域可以分为显在场域与意义场域。显在场域是由学习平台、视频、工具、技术及与之相关的物理载体和物理环境所构成的物理空间。交互、体验与反思活动是实现知识建构、迁移应用、问题解决、评价创造等知识内化过程的形成性要素与关键。交互、体验与反思的内容、流程、机制、氛围等是意义场域的重要组成部分，但其载体、条件与工具又属于显在场域的范畴。只有物理情境，不能实现深度学习；脱离物理情境，深度学习失去了基础与前提。因此，情景、交互、体验与反思更是一种物理情境与意义情景的交融。

情景、交互、体验与反思是区别于浅层学习场域的重要变量，否则，缺乏学习情景与交互、体验、反思活动的学习，将处于一种浅层学习或不学习状态。情景、交互、体验与反思在场域中交叉、并存，既相联系又相区别，对实现深度学习目标各有侧重。学习的物理情境是学生学习的环境与条件，是交互、体验、反思的物理基础，交互、体验、反思必须建立在一定情景之上，交互中有体验与反思，体验中也有交互与反思，并且，反思又进

一步促进交互与体验行为。深度学习情境、交互、体验、反思的物理空间与意义空间的设计和营造，均需要管理者调配一定的资源与资本，同时需要教师付出更大的努力，更离不开学生的极力配合。因此，情境、交互、体验、反思是深度学习场域中各种社会关系尤其是权力关系的体现，是各主体（含管理者、教师、学生等）协同、竞争与博弈的结果。

1. 情境因素

建构主义认为，学生的知识不是通过教师的传授得到的，而是在特定的情境中，借助教师或同伴的帮助，利用必要的学习资源，通过意义建构的方式获得的。情境理论认为，学习不能脱离具体情境而发生，情境是整个学习过程中重要而有意义的组成部分，情境不同，学习效果也不同。如果学习个体和情境产生了互动，发生了相互作用，则产生于个体身上的情境就会处于一种动态的、变化生成的过程。在这个过程中，个体和情境二者之间会逐渐进入一种视界融合的状态，个体逐渐感知到自身已经融入情境之中，甚至成为情境的一部分。情景促进学生学习任务与学习经验产生有意义的联系，促进知识、技能和经验之间产生连接，为学生的“意义建构”提供“脚手架”，为学生解决问题提供支撑。

学习情景不仅有助于激发学生学习的动机与需要，而且行业、企业、职业情境的融入有助于学生进入未来职场，快速实现理论与实践的角色转化。学习情境是物理和社会场景与个体的交互作用，一般包括物理情境、氛围和背景事件，是深度学习显在场域建构的基础与核心。

（1）虚拟现实课前学习情境。虚拟情境是一个虚拟的网络学习空间：①游戏化虚拟学习环境。可以依托 MOOC 中心平台或自建云计算网络平台，运用人工智能、物联网、三维动画、模拟仿真等技术，将游戏因素引入到学习环境中，构建一个集声音、画面、场景、人物（角色）等要素为一体的三维逼真的体验式虚拟学习空间。教师课前可在空间进行体验式教学设计，学生课前通过进入虚拟空间进行实时互动、感知和操作虚拟世界中的各种对象，将新知识学习镶嵌在虚拟现实的社会与物理情境中，获得一种身临其境的感受。Udacity、edX 等 MOOC 平台提供虚拟环境与可视化工具，供学生在课前直接进行虚拟实验，如电子线路实验或程序运行环境实验等。②真实情境课件。诸多 MOOC 多媒体视频，是与现实生活相吻合的真实场景。这些场景具有整体性，能保持现实生活中各种事物之间的联系，为学生应用所学知识、解决高度不确定性问题、探索复杂现实世界提供资源；课件中的案例、活动具有真实性，问题和事物之间的联系宜具有一定的模糊性，提供的材料可与问题相关，也可以非相关，有助于学生积极地预测、假设、尝试，便于发现、解决问题，进行知识建构与发展高阶思维能力。

（2）真实课堂学习情境。真实课堂学习情境主要是指在课堂中镶嵌现实的自然和社会情境，如自然地理环境、职业工作场景、人际交往和家庭生活情境等。深度学习是一种有目的的基于问题解决的学习与基于实践探究的学习，通过真实项目、任务训练和问题研讨，包含技巧、习惯、态度、观点，对学生更具吸引力，能激发其好奇心，成为内在的学习兴趣。可以采取校企深度合作等方式，将企业真实项目、真实案例及其工作过程引入课堂活动，设计“真实的训练项目”“真实的项目角色”“真实的工作过程”“真实的工作条件”和“真实的工作压力”“5R”沉浸式真实课堂情境。

2. 交互因素

学习交互是一种发生在学生和学习环境之间的事件，包括师生、生生之间的交流，也包括学生和各种物化资源之间的相互作用。学生之间、师生之间通过对知识、观点的共享、交流与碰撞，相互反复激发、评价、修正，逐渐形成新知识，实现对新知识的建构与深层理解，积极、多重交互甚至能激发学生内在的学习动机，提高自我效能感，培养批判性思维与问题解决能力。交互的递进层次包括：

（1）课前远程交互。MOOC 的特色在于其形成的深度且大量的互动：

1）视频内嵌交互。诸多 MOOC 视频采用文字、声音、语言、色彩、动画、影像等多种媒体形式展现教学过程，易于激活学生的感知器官，激发学习兴趣，增加理解深度；在视频中嵌入互动问题。

2）测试交互。MOOC 课程测试有视频内嵌测试、在线测试、作业、期中期末考试等，一般采用机器自动评分并即时反馈结果方式，便于学生及时了解自己对知识点的掌握程度；系统要能自动记录学生学习活动全过程及结果，如尝试次数、测试时间、成绩、正确与错误等，甚至能自动提示课程不通过的条件，学生可以随时查看，有利于增加学习的紧迫感，且教师可以快速统计学生学习的总体情况。如可以为教师提供数据分析工具，以便教师掌握视频的观看人数、每个学生的观看次数，监测学生表现，及时调整教学内容。

3）评价交互。MOOC 课程评价开放、灵活、多样，评价主体多元化，如教师评价、同伴互评、自我评价等。其中，同伴互评是按照教师提供的评分标准与要求，学生之间对作业或作品互相评判，除了打分外，还需要给出扣分的理由。学生参与评价过程，从他人的观点中反思自己的观点，不仅能增加学生之间的交互，还能开阔视野，感受不同文化差异，强化对所学知识的理解。

4）社会性学习交互。社会性学习是群体成员组成学习共同体，共同参与活动学习，包括与同伴共同分享和检查自我学习的过程。教师可以利用网络教学平台，建立积分、学级修炼等机制激励学生进行交互式学习。

（2）课堂面对面交互。

1）交互性教学内容。教师可以自行设计或精心挑选一些交互性强的MOOC课程内容，包括知识点讲解、劣构性研讨问题、训练项目、训练习题等，经过二次加工后用于课堂教学。劣构问题通常是学生不完全明确或未知的问题，容易引起学生认知上的矛盾、困惑或紧张心理状态，需要学生运用一系列的调查、观察、假设、推理、批判性思维等协作建构方法及多种元认知策略。

2）交互性教学环节。对课堂翻转以后，可以腾出大量课堂时间组织多种多样的课堂活动，课堂活动由小组成员分工、协作完成，完成的过程本身具有交互性。在活动中通过穿插批判性、交互性教学环节，展示作品与训练成果，引导、激励学生对所学知识的真实性、精确性、过程、理论、方法等进行判断、交流、讨论，对研究成果、观点进行质疑、辩论与评价，加强交互性。

3. 体验因素

学习是一个创造知识的过程，知识是在体验过程中被转换创造的。体验学习是指学生个体在亲身经历中，经过反复观察、实践、感受、探究，对认知、情感、行为和认识的内省体察和心灵感悟，最终认识事物，掌握知识，提高能力，形成某些习惯、态度乃至心理品格的学习过程。

体验学习为学生创造主动实践的机会，体现娱教理念中对人之“乐”的尊重，强调“做中学”，并通过集中反思来习得知识、树立价值观，提升学生在相似情境中应用知识与知识迁移的能力。体验学习圈模型，将体验学习分为具体体验、反思观察、抽象概括和行动应用四个连续循环的阶段。体验学习的形式多种多样，如任务驱动、项目训练、案例分析、问题研讨、查阅资料、游戏比赛、仿真实验、实地考察、角色扮演、亲身实践等。

（1）课前网络虚拟体验。

1）虚拟操作空间体验。前述游戏化虚拟学习环境为虚拟空间体验提供了条件。学生可以在虚拟空间体验各种游戏、虚拟仿真实验等内容，如构建具有交互式虚拟仿真和体验工具的学习体验中心，学生通过参与学习体验中心提供的各种体验项目，亲身感知在现实生活中无法观察到的一些自然现象与事物的变化发展过程，获得生动逼真的各种感性资料。还可以通过体验中心感受微观世界与宏观世界的差异，如：观察原子核裂变、自组织等复杂的物理与社会现象，使抽象的理论与概念形象化、感知化，便于对抽象概念的深度理解；在学习加速度这一概念时，学生可以进入学习体验中心，按照自己想象的奔跑速度操控虚拟角色，通过改变虚拟角色的重量和速度，感受加速度变化情况等。

2）虚拟展示空间体验。诸多优质 MOOC 课程视频，采用谈话式、场景式等授课模式，呈现方式融合了动画、案例、活动、互动等内容，具有强烈的一对一关注感，能增强学生的存在感和沉浸度，具有一定的体验效果。

（2）课堂活动体验。

1）课堂真实体验。

第一，在教室内体验真实情境。前述“5R”真实情境并非完全限于教室之外，教室内也有真实情境。如软件工程专业学生学习 C 语言课程时，引入企业真实软件项目，按照行业标准与规范，将学生分组进行项目开发训练，小组成员可以亲身体验企业真实项目开发的全过程与企业真实工作氛围，实现“做中学”。在物理课程学习中，教师可利用照进教室的太阳光营造光的分解情境，利用学生之间的绳子牵引营造力的合成与分解情境，利用液体加热创设热胀冷缩情境等进行真实体验。

第二，将课堂搬出教室或延伸课堂（第二课堂），让学生到相应的现实环境中去体验，即参与社会实践。如：软件开发类课程，安排学生到软件企业进行顶岗实习；测绘类实践课程，让学生到外亲自进行测绘训练；市场营销课程，安排学生亲自进行市场调研与上门推销一种产品，与顾客交流。或者，观看某一天文现象，领略某地风土人情，观察某种植物生长，等等。

2）课堂模拟体验。采用情境模拟，丰富学生的类真实体验。体验式学习的情境不一定需要完全真实，其真实性程度可以根据课程性质进行设计。但教师创设的仿真情境越真实，学生的体验越深，知识迁移的效果也越好。

第一，情境仿真体验。它是指人为地创设某种高度类似真实世界的情境，让学生通过参与这种情境中的活动而进行学习。

第二，角色扮演。

4. 反思因素

反思学习是指学生以自身的经验、经历、行为或自身身心结构为对象，以反身性的自我观察、分析、评价、修炼、改造等方式进行的学习。反思学习的内容有学习过程反思、结果反思、环境反思、动机反思。反思贯穿于学习全过程，是“对学习的学习”，是学习过程的精华，是深度学习的必要条件，也是情境学习与交互学习的重要组成部分。反思的本质是扬弃，能够提高学生的元认知能力，帮助学生学会学习，可以鼓励学生回顾他们在学习情境中的表现并与其他表现比较。反思的关键是针对问题进行纵深挖掘，目的在于解决实际问题与创新，即通过深度思考、论证、验证来确立科学的认知结论。培养学生反思能力的工具有驱动性问题、反思表、网络反思平台、电子档案袋（E-portfolio）以及试题等。

（1）课前学习反思。

1）MOOC 课程内容及呈现方式具有多样性和集成性，可以增强对学生视觉、听觉等感官器官的刺激，多通道激发已有的知识和经验，促进学生对新旧知识的联系、融合及对学习资源、过程、成果的反思。

2）可以利用 MOOC 平台对学生的学习过程进行记录和监督，存储到反思存储数据库中，为学生对学习过程的反思提供条件。

3）要求学生利用学习笔记、电子档案等多种方式及时记录视频学习与在线训练中的疑惑或问题，根据学习需要查阅相关资料，或通过 MOOC 平台站内论坛或 BBS 讨论区等其他交流工具进行交流与反思。

（2）课堂活动反思。

1）反思性的课堂活动。教师通过设计训练项目、案例、课堂提问、课堂辩论、学生互评与教师评价、反思笔记等多样化的活动与方式，尤其在活动中要嵌入一些需要学生去“发现、探索、分析、评价、综合”的“驱动性”问题，这些训练项目、案例及其问题要具有挑战性、层次性、劣构性，促进学生对自己或同伴的学习观点与成果进行“头脑风暴”式互动与深度反思。活动的素材可以来自优质 MOOC 课程资源并进行二次开发或者教师自行设计等。

2）课堂对话机制。反思是一种个体依赖群体支持的活动，不仅要求反思者有求知、开放、执着的心态，也需要有合作、协调、信任的学习环境。学生在反思学习中，有他人指点或与同伴合作，更易于理解、内化。

3）创建反思学习过程。因为技术使得记录行为表现为可能，所以人们可以回顾他们是如何执行任务的。反思的一个有用形式是“抽象重播”，即重放重要决策的制定过程。复杂问题解决能力的教学系统，允许学生将他们的复杂问题解决过程中的决策与专家的解决方法相比较，这样他们可以知道如何做得更好。

4）运用反思学习的方法。人们学习的最有效的方法之一，就是通过比较不同的行为表现（包括他们自己的），来确定是什么因素导致了成功，这叫作“知觉学习”，技术使得记录不同的行为表现变得可能，这样学生可以随后分析这些行为表现。

总之，MOOC 与翻转课堂的融合主要是将 MOOC 资源进行本土化加工后融入翻转课堂教学全过程，为翻转课堂提供高效网络学习平台、学习工具与优质学习资源，提高资源开发质量，降低资源开发成本。将 MOOC 与翻转课堂有机结合，建构一个由情境、交互、体验、反思融为一体的深度学习场域，搭建与浅层学习场域不同的“域内”情境，打造“场内”优势，并依赖场域的特有形式和力量，对置身于场域中的学生主体产生影响，引导学生“入场”，吸引学生“在场”，减少学生“离场”，促进深度学习的发生。

情境、交互、体验、反思是深度学习意义场域的主要构件，但对实现深度学习目标各有侧重，情境是深度学习显在场域的物理基础与核心，交互、体验、反思活动分别是深度学习潜在场域知识建构与理解、知识迁移应用、问题解决与创新的形成性要素与关键。交互、体验与反思活动的内容、流程、机制、氛围等属于深度学习意义场域的范围，而交互、体验与反思的环境、载体、条件与工具等又属于显在场域的范畴。因此，情景、交互、体验与反思更是一种物理情境与意义情景的交融。

# 第三章 深度学习的影响因素与实践困境透视

## 第一节 深度学习的主要影响因素

### 一、分析深度学习的主要影响因素的方法

#### （一）主成分分析

主成分分析就是一种考察多个变量间相关性的多元统计方法，针对判定的综合指标所包含的相关信息给出科学合理的解释，以便能够更加直观深刻地反映出事物之间的内在客观规律。在主成分分析中，比较常用的应用就是主成分评价，在主成分评价过程中，如果综合评价对应的指标和维度较多时，为了使评价结果更为客观全面，需要正确地确定权重系数等，因此利用主成分分析进行信息浓缩以解决权重的确定等问题。

#### （二）回归分析

回归分析就是选取两个存在相关性的变量，然后分别设置它们为自变量和因变量，利用数学思维模式，将两个变量之间表现出来的不太确定的关系透过数学方程式来表达，通过该方程借助自变量的值来估计和预测因变量的估计值。通过因子分析可以将学生深度学习现状得分，以及影响因素得分计算转化成定量数据，因此回归分析过程中选择线性回归分析方法，进一步观察各影响因素对网络环境下学生深度学习的影响情况。

### 二、影响深度学习的因素

#### （一）主动合作水平

在课堂学习过程中，积极配合教师提出问题并和同学们一起参与班级讨论，在课后时

间内能够充分利用网络环境同各位专家学者进行相关的合作学习，能够经常参加一些类似暑期学校及交换生等之类的活动来进行合作式学习。

学生在进行深度学习过程中，对主动合作并不是太注重，能够在一定程度上保持着与同伴们一起参与讨论学习、积极配合教师课堂提问以及充分利用网络条件进行合作学习。学生在主动合作水平上整体差异不大，但男女学生在合作式学习上表现出一定的差异，整体的主动合作水平仍须进一步提高。

### （二）深度加工水平

在利用网络环境，对所学的碎片化知识深度加工整理方面，文科较理科性质的学生表现出较强的优势，而在深层次融合不同课程领域所学观点和概念方面，工科的学生表现出了一定的优势，专业性质为工科的学生均已具备深度融合加工的能力。从整体而言，学生在深度加工水平上表现很好，说明了学生在深度学习过程中对深度加工水平还是比较注重。

### （三）反思评价水平

学生在学习过程中已经具备了反思评价的能力，但是在“对所学知识的科学性持怀疑态度”以及“请教师或同伴对自己学习进行评价”方面上，大部分学生都能够做到正确的反思和评价。

学生在进行深度学习过程中，注重自身的学业挑战水平，能够在保证学习效率和学习质量基础上进一步将所学内化成自己的知识体系，并在具体情境中加以运用。

从整体而言，学生在反思评价层面上的表现较为可观，一大部分学生都能够针对自己具体情况进行科学合理的反思，同时对自己的学习过程和学习方式等也能展开客观有效的自我评价，并且能够针对自己的学习内容以及学习方式等进行反思和改善，说明学生在学习过程中已经具备反思评价的能力。

### （四）学业挑战水平

在对学业挑战水平因素影响分析过程中，综合考虑包括：能够将所学的理论或概念进行适当的情境迁移，将其合理地运用到具体的现实生活并尝试解决实际问题；在学习方面投入充足的时间，同时在学习效率和学习质量上得到一定保证；在完成常规性学习任务后继续通过网络环境进行补充其他领域的知识；通过深层次的学习，能够挑战自己对问题的原有看法并同时接纳新的观念；能针对一个具体问题做到追根溯源，并进一步将其内化进自己的知识体系中。

学生在学业挑战水平上整体差异不大，仅仅是在针对具体问题追根溯源并内化到自己知识结构体系的能力上表现出一定的差异。学生在进行深度学习过程中注重与他人之间的沟通交流，能够经常利用网络媒介与教师和同学们讨论课堂内外学习过程中遇到的疑惑，也能够与同伴之间开展研究性学习，并互相获取及时的反馈信息。同时，文科、理科及工科的学生，在对经常利用网络媒介与教师和同学们讨论课堂内外学习过程中遇到的疑惑上存在一定的差异。

#### （五）沟通交流频度

学生在进行深度学习过程中很注重与他人之间的沟通交流，能够经常利用网络媒介与教师和同学们讨论课堂内外学习过程中遇到的疑惑，同时也能够与同伴之间开展研究性学习，并互相获取及时的反馈信息，尽可能充分利用网络环境带来的便利，来促进学生深度学习的开展。

## 第二节　深度学习的实践困境分析

### 一、课堂教学场域中规则的制约

场域生成的重要标志是场域内部规则的拟定和自身行动逻辑的形成。场域间的相对独立性揭示了不同场域中拥有着不同的规则与逻辑，进入该场域就必须遵循这一特定场域中的逻辑与规则。

作为一个相对独立的场域，课堂教学场域同样也有着自身独特的内部运行规则和行动逻辑。课堂教学场域内教师与学生是其活动的主体。课堂教学场域中文化资本占据支配地位，因而学生成绩或排名便成为场域内重要的生成逻辑与规则。学校课堂是学生学习的主要场所，理当成为课堂教学场域运作的最重要场所。而教师作为课堂教学场域系统内的主体，掌握着课堂教学场域的话语权，并在师生互动中将分数或排名这一规则合法化。置身其中，学生自然而然要顺应课堂教学场域内拟定的规则，并且认同和遵循这种规则所带来的犒赏和压力，并为赢得犒赏而不懈追求。但在长年累月的努力和奋斗下，胜利最终还是只属于少数人的。作为优胜者，他们所期望的是维持现状，保持其场域位置；大多数学生都只能作为配角，处于课堂教学场域的边缘，造成学生主体的挫败体验。

## 二、课堂教学场域中惯习的依赖

“惯习”作为一种历史的产物，它是一个开放的性情倾向系统，随经验积累而不断改变，并在这些经验的影响下不断地强化，或是调整自己的结构。惯习在人们的潜意识层面产生作用，影响每个行动者的行为。由于学生身处“效率主义”“控制中心”“非人格化”特征的科层型大学场域，一种基于依靠外压以达到外部目的的常规性学习惯习，得以形塑和巩固。身处场域底端的学生，由于资本缺乏，又受到各方牵制，场域规则早已内化于心，经过场域的形塑，他们塑成了遵循规则与顺从权威的惯习。

顺从是学生根据自身的场域位置、个人资本和学习经验中最有机会成功的一种做法。在权威至上的思维模式影响下，当今学生不敢挑战教师权威、质疑知识权威，难以否定自我，特别是场依型学习风格的学生更依赖于一种固化、死板的授课方式，完全依赖于教师及书本内容，使自己的认识停留在已有的经验和知识水平上。

# 第三节　深度学习的困境突破策略

## 一、优化课堂教学场域规则

课堂教学场域内评价学生学习知识的主要参照标准就是考试分数。部分学生在历经多次考试失利后选择颓废，从而消极否定自我，唯有那些希冀通过考试改变自我或赢得荣耀的学生才会对这种规则表示认可。因此，场域内规则的拟定者，在拟定过程中需要考虑其全面性，打破单一的规则在场域中的主导地位，让每个学生踊跃地为自身的场域地位而奋斗，而不是消极逃避。因此，要实现深度学习，必须改变“一锤定音”式考试的学生评价制度，摆脱课堂教学场域内现有规则的束缚。

教师在评价学生的学业水平时，应该摒弃成绩作为学生学业评价唯一标准的思想。考试作为高校学生学业评价的一种有效的重要手段，其结果直接影响到学生学习的积极性和主动性，也直接制约了教学工作效果的反馈。因此，教师可以把学生的考试成绩模糊量化，而不应精确量化。同时，要根据学生学习实际情况选择灵活多样的考核测评方式。例如，我国高校可以借鉴美国学校学生增值评价法，此方法强调评价与学生的学习过程紧密结合，实施学生自身学习成果纵向比较的方式，重视学生在评价过程中的主体地位，其评价理念与深度学习下关注学生高阶思维能力发展的观念不谋而合。通过多样化的评价方式，达到终结性评价和过程性评价、定量评价与定性评价的有机结合，从而对每位学生的学习水平有了一个更加公平客观、全面准确的评价，并使不同层次、不同水平的学生都有收获成果喜悦的机会，从而激发学生的学习动力。

## 二、构建对话型师生关系

在课堂教学场域中，话语和权力是相互联系的统一体。任何权力的运转和实施，都搭载着话语的创造。在课堂教学场域中，学习过程是一个师生双向互动的过程。一方面，学生仅仅凭借网络课程资源进行学习后，其知识思维结构通常只处于一种浅显的学习状态，教师就需要以师生学习共同体的身份介入课堂、学习社区中，帮助、激励学生进行深度式学习，引导学生“入场”，促进深度学习的发生；另一方面，大学教师要合理利用信息技术建构融体验、交互、反思为一体的课堂教学场域，搭建学生深度学习情境。例如，课前通过网上课堂和在线辅导让学生进行相关预习，并派发问题让学生完成，利用实时反馈系统帮助教师收集学生学习的相关数据，经过智慧课堂互动系统“云平台”的智能化处理，让教师充分了解学生的学习基础与进度，然后通过共同探讨的形式把课堂变成师生之间或学生之间互动的学习交流场所，从而完成对高阶认知与思维能力的训练与培养，不断提升课堂教学效率。

## 三、形塑师生深度学习的惯习

作为学校中学习活动的主体，学生需要积极转变知识观念和学习观念，在学习过程中要勇于质疑教师、质疑教材，善于反思学习，挣脱遵从与顺服惯习的束缚。深度学习惯习的形塑首先需要有效的训练，学生可以根据自身的学习情况利用微课、MOOC、翻转课堂等网络教学资源，在学习知识的同时，有意识地养成自主探究性学习的惯习，进而培养学生获取应用知识并最后解决问题的深度学习能力；其次，高校教师充分利用自己的文化资本和社会资本，向课堂教学场域内调配资源，为学生提供更多深度学习的机会，逐步培养学生创新思维能力；再次，高校可以通过课堂教学硬环境和软环境的优化，充分利用“云计算”等新一代信息技术，搭建网络云学习平台，实现学习资源的挖掘与存储运行。此外，通过建设激励保障制度和积极向上的学习文化等手段营造深度学习氛围，充分调动师生深度学习的积极性，进而促进师生共同投身于深度学习的有效建构。

# 第四章 混合式学习理论阐释及其教学设计

## 第一节 混合式学习及其理论概述

随着计算机网络技术的飞速发展，便于自主学习、自主探究的数字化学习在教育领域得到迅速应用与发展。人们期盼数字化学习来改革或代替传统课堂教学，由此推动教育革新，并产生新的教育思想与理念。到 20 世纪末，人们却茫然地发现，数字化学习的效果远没有人们所期盼的那么理想。数字化学习虽具有丰富的多媒体资源、便捷的协同交流、友好的交互等独特优势，但不能完全替代教师的课堂教学。如果缺乏教师的积极参与，则学习效果并不像预期的那么理想。如何充分体现数字化学习中学生的主动参与性，如何充分发挥教师或专家的引导作用、人格影响、学习和研究方法等方面渗透的优势，成为大家共同关注的问题。

进入 21 世纪后，随着网络的普及和数字化学习的发展，为了能够适应培训对象在时间与地点方面的多样性需求，企业培训领域首先出现一个词语——混合式教学/学习。在国际教育技术界，“混合式学习”的思想随即被认可，并被引入学校教育中。众多学者便投入混合式学习理论的研究，开始反思学习理论与技术应用方式，试图用混合式学习来实行“回归”，即综合运用不同的学习理论、不同的技术和手段以及不同的应用方式来实施学习。

混合式学习的参与者划分为三种角色：从学生的观点看，混合式学习是一种能力，指从所有可以得到的，并与自己以前的知识和学习风格相匹配的设备、工具、技术、媒体和教材中进行选择，以适于自己达到教学目标；从教师和教学设计者的观点看，混合式学习是组织和分配所有可以得到的设备、工具、技术、媒体和教材，以达到教学目标，即使有些事情有可能交叉重叠；从教育管理者的观点看，混合式学习是尽可能经济地组织和分配一些有价值的设备、工具、技术、媒体和教材，以达到教学目标，即使有些事情有可能交叉重叠。

混合式学习是指达到“教”与“学”的目标和获得较好的教学效果，对所有的“教”与“学”中的组成要素进行合理选择和优化组合，使“教”与“学”的相关成本达到最优的理论与实践。

为了提高学生的学习满意度，使得数字化学习和传统课堂教学相互结合和互补，优化学习资源的整合，提高学习效果，应该充分发挥课堂学习中教师的主导作用和学生的主体作用。教师和学生的“数字人格”也将逐渐形成，教师应该通过有意识的课程重新设计过程来创造变革性的融合。整个课程的教学模式将被重新概念化和设计，保留面对面的部分，从讲授转向以学生为中心的教学，学生成为活跃的互动学生。最初，新技术可以有效而缓慢地引入主要是面对面的课程，这取决于教师和学生对混合教学和网络技术的专业化水平。混合式学习对所有参与者的转变潜力依赖于多种形式、复杂交互程度和不同方式教与学之间的相互作用。

## 一、混合式学习的学习理论

### （一）混合式学习研究的理论框架

学习理论是混合式学习研究的理论基础，在实施混合式学习时，需要根据不同的具体情况加以选用。纵观学习理论的发展是一种继承、扬弃和发展的关系。

教学（学习）是一个复杂的过程，任何将这个过程单一化或简单化的倾向都是错误的。不同的学习理论，在不同的学习阶段、不同的学习环境下是一种相互补充的关系，而不是相互排斥的关系。它反映了人们对知识以及学习本质的认识不断深入发展的历程，而混合式学习实践就充分体现了这种理念融合的趋势。认知结构、建构主义等高级学习加工理论，主要研究的是大脑内部的学习规律，应该定位于最高部位。

人本主义学习理论只是突出学习主体性的一种思想，需要全面渗透到整个学习过程之中，信息加工理论则是整个理论体系实现有机混合的框架依托。

面对混合式学习，现有学习理论各有其适应领域，但都只能解决混合式学习中的一类问题。对于需要反复训练的技能，采用行为主义学习理论似乎更为有效，但对认知性学习内容难以做出合理解释。在行为主义基础上增加了“认知地图”这一中介，将行为主义与认知主义结合起来，初步实现了学习理论的有机“混合”。

社会学习理论认为，学习的发生除了自身行动结果的获得，还可以通过观察榜样的行为产生替代性学习，实现模仿学习与自主学习的有机结合。建构主义通常被认为是认知理论的一个分支，它批判行为主义机械性、程序化的教学观和学习观，强调学生对知识的建构，特别有利于学生创新意识和实践能力的培养。

人本主义学习理论强调尊重人的价值，主张发挥人的潜能，促进人的自我实现，看上去极其完美。如果没有行为主义、结构主义、建构主义等学习理论支撑，人本主义学习理论仅限于价值取向的论述，难以收到实际效果。

### （二）混合式学习过程的要素

第一，现场活动。同步的、由教师指导的学习活动，所有学生同时参与，如实时的“虚拟课堂”。实时同步活动是混合学习的主要“组成部分”。对于许多学生而言，没有什么能取代利用现场讲师的专业知识的能力。

第二，网上学习内容。学生通过自定步调学习而独立获得的学习经验，如互动、基于互联网的或者基于 CD-ROM 的培训。自定步调的异步学习活动为混合式学习方式增添了重要价值。为了从自定进度的学习项目中获得最大价值——真正的商业成果，它必须基于教学设计原则的有效实施。大多数自定步调的学习产品都声称有教学设计基础。教学设计原则的实际实施差异很大，结果也大不同。

第三，协作。学生彼此之间能够相互交流、合作完成学习任务，如电子邮件、基于论坛的讨论、在线聊天等。当有机会进行有意义的合作时，现场活动或自定步调的学习体验的力量就会增强。人类是社会性的，正如建构主义学习理论所假设的那样，人们通过与他人的社会性互动来发展新的理解和知识。此外，协作学习给学生提供了传统教学所不具备的巨大优势，因为一个团队能够比任何个人更好地完成有意义的学习和解决问题。当创建混合式学习产品时，设计者应该创造环境，让学生和讲师可以在聊天室同步协作，或者使用电子邮件和线程讨论异步协作。

第四，评价。采用一种评价学生知识状态的方法。在开展实时的或自定步调的事件之前进行前测，以判断学生已有的知识基础。活动或在线学习事件完成之后开展后测，其目的主要用于评价知识的迁移情况。评价是混合学习最关键的组成部分之一，它使学生能够“测试”他们已经知道的内容，微调他们自己的混合学习体验；它衡量所有其他学习模式和事件的有效性。根据智力特征的复杂程度，将学习目标分为知识、领会、应用、分析、综合、评价等六级水平，为设计和构建评估提供了一个框架。

第五，电子参考资料。强化学习记忆和迁移的实践参考资料，包括 PDA 下载和 PDF

文件。性能支持材料是混合学习的重要组成部分。电子参考资料促进了“学习记忆和迁移”到工作环境中，目标是让那些对工作经验很少或没有经验的人立即获得工作表现。当今最有效的性能支持材料有可打印的参考资料、工作辅助工具和 PDA 下载。

### （三）混合式学习理论混合运用

学习理论有不同派别，且各有优劣，不存在普遍适用的万能理论。它们都有合理的科学的一面，同样也有局限性的一面，并不是所有环境、所有情况下都只适用于一种学习理论，每一种学习理论都有其适合的学习内容和学生群体。

学习任务的复杂性增加，学生的认知能力加强，学习环境逐渐丰富，最适合的学习理论从行为主义向认知主义到建构主义逐渐转化。由此可见，学习理论流派虽多，但面对混合式学习的多元化教育资源，只依靠一种学习理论是不行的，必须根据学习主体需要，将若干学习理论有机融合起来，组成符合主体摄入需要的有机混合式学习理论，才能消除现有学习理论的片面性，达到全方位地提高混合式学习的效果。基于学生的知识水平和学习任务对认知水平要求不同，在相应的学习理论指导下，应采取合适的教学策略。行为主义的指导策略对于知识水平低下的学生比较有效，随着学生知识的增加，策略逐渐转向认知主义、建构主义。同样地，学习任务对认知要求由低到高的变化，伴随着的学习理论和策略也由行为主义转向认知主义和建构主义。

尽可能根据所收集的关于学生目前能力水平和学习任务类型的信息，智能地选择获得最佳教学结果的适当方法。教学设计者必须提出的关键问题不是“哪一种理论最好”，而是在培养特定学生对特定任务的掌握方面，哪种理论最有效。选择策略之前，必须兼顾学生和任务。

试图描述这两个连续性（学生的知识水平和认知加工需求），并说明每个理论观点提供的策略在多大程度上适用。该图有助于证明：①在某些情况下，不同视角所促进的策略重叠（即给定适当数量的先验知识和相应数量的认知加工，一个策略可能与每个不同视角相关）。②由于每个学习理论的独特焦点，策略集中在连续体的不同点。这就是说，在将任何策略整合到教学设计过程中时，在选择一种方法而不是另一种方法之前，必须考虑学习任务的性质（即所需的认知加工水平）和所涉及的学生的水平。根据任务的要求和学生在要传递、发现的内容方面所处的位置，基于不同理论的不同策略似乎是必要的。对于“学习理论是可以混合使用的”这一观点已经普遍达成共识，并且基于学习理论的混合构建了一些理论模型。但是大部分模型仅仅是一种理论建构的思路，缺乏必要的细节和实践操作的可行性。因此，这类模型对于认识和理解混合式学习本质和内涵有意义，但是缺乏实践操作的价值。

1. 生成性学习理论的运用

（1）生成性学习理论的主要思想。生成性学习开展了大量相关教育理论和实践的应用研究。生成性学习理论源于巴特利特把学习看作是一种新经验与现有图式相结合的建构行为观点，皮亚杰把认知发展看作是新经验吸收到现有图式中并容纳现有图式的过程观点，以及格式塔心理学家记忆学习和理解学习的区别。

生成性学习模式作为一种学习和教学的功能模式，侧重于学生理解概念的认知和神经过程，以及有助于提高理解的教学过程。模型指出，理解新概念的过程包括学生主动产生两种有意义的关系：①学习的信息与学生的知识和经验之间的关系；②学习的部分信息之间的关系。与同行通过在阅读、经济学、科学、数学等科目中所进行的大量教学实验，发现通过提高学生主动理解的意识，促使他们通过有效的策略建立上述两类联系，可以明显地提高学生的理解水平和对知识的灵活应用水平。

生成性学习模式是建立在神经研究基础上的，对大脑的神经研究为学习和教学的认知心理模式提供了丰富的研究成果信息，有效地运用它们，可使它们在教育上更加有用，如模型的两个注意成分（有意注意和无意注意）和动机成分反映了对注意中唤醒和激活的神经模型研究，与有关注意和动机的神经心理学和认知研究的临界闪烁频率。

总之，生成性学习模式由与教学计划和课堂教学直接相关的四个功能认知过程构成，包括生成、动机/归因、注意和元认知。功能模型不是主要关注知识的结构属性，而是侧重于：①学习过程，如注意力；②动机过程，如归属和兴趣；③知识创造过程，如先入为主、概念和信念；④生成的过程，也是最重要的，包括类比、隐喻和总结等。

（2）生成性学习过程。建构主义强调学习是学生主动地通过新旧经验的双向相互作用来建构知识的过程。学习是学生通过原有的认知结构与从环境中接受的感觉信息相互作用来生成信息意义的过程。学习的发生依赖于学生已有的相关经验，人们要生成对所知觉事物的意义，总是需要与他以前的经验相结合。

在生成学习中，学生原有的认知结构——已经储存在长时记忆中的事件和信息加工策略——与从环境中接受的感觉信息（新知识）相互作用，在这一过程中，学生主动地选择信息和注意信息，主动地建构信息的意义。按照维特罗克的模式，学习过程不是先从感觉经验本身开始的，而是从对这一感觉经验的选择性注意开始的。

1）长时记忆中存在一些知识经验，它们会影响个体的知觉和注意，会影响个体以某种方式来加工信息的倾向，学生首先把这些内容提取出来，进入短时记忆。

2）这些内容和倾向实际上构成了学生的动机，使他们不仅能注意外来的、意想不到的信息，而且能主动地对感觉经验进行选择性注意，注意那些已经有过经验且仍具有持续兴趣的信息去从事选择性的知觉。在这种注意和知觉的过程中，要求学生做出随意控制的努力。

3）经过选择性知觉得到的信息，要达到对其意义的理解，或者说要生成学习，还需要和长时记忆中存在的有关信息建立某种联系，即主动地理解新信息的意义。

4）要从感觉信息中建构意义，必须与长时记忆中的有关信息建立联系，这是意义建构的关键。在最后完成意义的建构之前，需要试探性地建立这种联系，进行试验性的意义建构。

5）在与长时记忆进行试验性联系和试验性意义建构的过程中，学生既可以通过与感觉经验的对照来进行，也可以通过与长时记忆中已有的经验的比较来完成。

6）经检验，如果意义建构不成功，应该回到感觉信息，检查感觉信息与长时记忆的试验性联系的策略，这包括：①构成选择性注意和选择性知觉的信息基础是否可靠；②从长时记忆中提取的建联系的信息是否适宜；③从感觉信息中选用的信息是否适用；④如果必要，应该系统地考虑感觉信息与长时记忆中各个方面所有可能的联系。

7）如果建构意义成功，即达到了意义的理解。

8）在新的信息达到了意义的理解后，可以从多方面对获得的理解进行分析检验，看新经验是否合理，是否符合自己长时记忆中的其他相关经验，是否与其他有关的信息一致。经过这种检验，如果新经验与自己原来的经验结构之间基本是一致的，不存在什么冲突，就可以从短时记忆中归属到长时记忆中，同化到原有的认知结构中；相反，如果发现了新旧经验之间的冲突，将可能导致长时记忆中原有认知结构的重组。

从以上模式可以看出，维特罗克试图超越经典的行为主义学习观，也试图超越经典的信息加工理论。生成性学习模式不仅看到了学习中的信息加工过程，学习不等于对新信息的理解和记忆，而且包含了对学习过程的监控。特别值得注意的是，这里的监控是对学习及其效果的监控，即是不是真正恰当理解了信息意义，同时还包括对新概念的合理性的分析和检验。从这种意义上说，学习不仅要解决知道不知道的问题，而且要在“知”的基础上对新观念的合理性、有效性进行分析鉴别。

（3）生成性教学原则。生成性理解教学原则包括：

1）学生的知识、先入为主和经验对生成性教学的设计至关重要。

2）摘要、类比和相关结构的生成，通过增加学生对文本中的含义之间，以及文本与学生的知识和经验之间的关系的构建而发挥作用，有效的总结和相关的构建涉及学生自己的词汇和经验。

3）为了有效，生成性教学活动引导学生构建他们不会自发构成的相关表征。

4）儿童在教师的精心教导和自己的生成学习中能力有所发展。儿童在进行生成学习之前，先从教师的精心设计中学习。

5）根据学生的背景知识、能力和学习策略，生成性教学可能是直接的，也可能是间接的、结构化的，也可能是不太好的，发现不是问题，问题是建立适当的关系。

2. 多媒体学习理论认知模型与过程

多媒体学习的认知理论基于生成性理论的原则：①学习是一个生成过程，这是核心原则。②学习是一个积极的过程，在这个过程中，学生通过在学习中进行积极的认知加工来理解所呈现的材料。学习不仅取决于所呈现的内容，还取决于学生在学习中的认知过程。③主动学习，也是多媒体认知理论的中心原则。有意义的学习依赖于学生在学习中的认知过程。

（1）多媒体学习的认知模型。多媒体是一种以计算机为媒体的交互式呈现方式，包括文本、声音、静态图像、动态图像、动画等元素。当电脑呈现的材料包含两种以上元素时，可以认为这是多媒体的呈现。依靠多媒体呈现方式所进行的学习就是多媒体学习。多媒体学习理论提出以下三个基本假设：

1）双通道假设。人们对视觉表征和听觉表征的材料分别拥有单独的信息加工通道，当信息通过眼睛呈现时，人们开始在视觉通道加工该信息；而当信息通过耳朵呈现（如叙述和非言语的声音）时，人们用听觉通道加工信息。

2）容量有限假设。人们的每个通道上一次加工的信息数量是有限的。当呈现图表或动画时，学生在其工作记忆中只能同时保持几个图像，而且这些图像还只是反映了呈现材料的部分，人们通过元认知策略来对这些有限的认知资源进行分配、监控和调整。

3）主动加工假设。人们为了对经验建立起一致的心理表征，会主动参与认知加工。这种主动的加工包括形成注意、组织新进入的信息和将新进入的信息与其他知识进行整合。主动认知加工能产生一个一致的心理表征结构，因此主动学习可以看作是模型建构的过程。这个假设对多媒体设计有两个重要的启示：①所呈现的材料应该有一致的结构；②应该向学生提供如何建立结构的引导信息。

在双重编码理论、认知负荷理论和建构主义学习理论的基础上，提出了多媒体学习的认知理论，揭示了多媒体学习的认知过程，即多媒体学习是从所呈现的文本或叙述中选择相关语词，或从所呈现的画面中选择相关图像，并将所选择的文字组织成连贯清晰的语言心理表征，进而将言语模型、图像模型与先前知识进行整合。

双通道原理由两行表示：一行用于处理语词；另一行用于处理图片。容量有限原理由图中中间的工作记忆箱表示，在工作记忆箱中进行知识建构。主动加工原理由图中的五个箭头表示——选择语词、选择图像、组织语词、组织图像、整合——这是有意义学习所需要的认知过程。在工作记忆中，学生可以在精神上把一些选定的图像组织成图画模型，把一些选定的单词组织成言语模型。

（2）多媒体学习的认知过程。根据迈耶的观点，学习应是知识建构的过程，学生作为信息的主动加工者和意义的主动建构者，其目标不应该停留在记忆和保持上，更重要的是要形成理解和迁移。学生的认知活动主要包括三个基本过程：

1）选择过程。学生需要注意经过眼、耳进入信息加工系统的视觉与言语信息中的有关内容。学生从呈现的言语信息中选择重要的词语进行言语表征（语词选择），其结果是建构命题表征或语词库，对多媒体信息中相关的语词给予注意。在多媒体学习中，多媒体呈现包括语言和图片两种，图片通过眼睛进入感觉记忆，而语言可通过眼睛（以屏幕文本的形式）或耳朵（以听觉叙述的形式）进入感觉记忆。

2）组织过程。学生从感觉记忆中选择相关的语言和图像进行加工，这些加工在工作记忆中进行。在工作记忆中，认知积极的学生会建立心理联系，把语言和图像分别组织进"言语心理模型"和"视觉心理模型"。对听觉语言和视觉语言、图像的加工分别在听觉通道和视觉通道中进行，所占用的工作记忆也各不相同。

3）整合过程。学生会将言语和视觉心理模型与他们从长时记忆中提取的相关先前知识进行整合，把新知识整合到已有的相关认知结构中去，从而达到对知识的有意义学习。

要产生有意义的学习，学生必须完成认知加工的每个步骤，即选择相关的单词和图像，将它们组织进相应的言语和视觉表征，并与相应的言语和视觉表征整合。

这些认知活动，特别是在言语和视觉表征间建立联系，在学生可以同时在记忆中保持相应的视觉和言语表征的情况下更容易发生。因此，教学信息的设计就应该使得这些重要的认知加工产生的机会最大。在多媒体信息加工过程中，这三个过程并不总是以线性的顺序发生的，当学生适当地参与所有这些过程时，就会发生有意义的学习。

学习网络课程的四个关键过程：①学生必须专注于课程中的关键图形和单词，以选择要处理的内容。②学生必须在工作记忆中复述这些信息，以便将其与长期记忆中的现有知识进行组织和整合。③为了完成整合工作，工作记忆有限容量不能超载。课程应运用认知负荷减轻技术，尤其是当学生是新知识和新技能的新手时。④长期记忆中储存的新知识必须检索回作业，称这种过程为学习迁移。为了支持迁移，网络课程必须在学习过程中提供一个作业情境，以创建包含与作业相关的检索挂钩的新记忆。网络课程的设计可以支持主动处理，也可以抑制主动处理。

只有遵照多媒体设计的原则，恰当地表征信息、研究媒体的优化组合，才能设计出符合人类心理认知方式的网络课程。有限容量假设理论、声音原则和图像原则说明了在网络课程多媒体设计中应努力减少学生的认知负荷，使网站的内容简洁易懂，并能准确、快速转达网站的构成内容，这就要求多媒体设计须符合视觉认知习惯，使用标准字、标准语言，同时还须考虑网络课程的可传播性。个性化原则、分割原则以及预训练原则要求多媒体设计需要体现出教学设计，内容安排合理，导航清晰明确，超链接设置得当。

## 二、混合式学习的教学设计思想与实施策略

### （一）混合式学习的教学设计思想

在混合式学习背后隐藏着一种思想，就是教学设计人员将一个学习过程分成许多模块，然后再决定用最好的媒体将这些模块呈现给学生。同时进一步指出，不同的媒体包含很多技术成分，如传统的课堂或试验环境、阅读作业、光盘（CD-ROM）、绩效支持工具、电话培训、单机网络培训、异步网络培训、同步网络培训等。混合式学习思想融入信息化教学设计中，大力提倡以学生为主体、教师为主导的教学设计方法。强调混合式学习的适配化和一体化，他认为混合式学习的重点并不是简单地将各种要素混合在一起，而是如何进行有效的混合，其实质是通过对传递媒体、学习方式、学习时间、学习内容以及学生的学习需要等诸要素的充分研究和考虑，制订出一个最佳的学习方案。

### （二）混合式学习的教学实施

数字化学习可以视为一种基于网络环境发展起来的新兴教学策略。这种教学策略通常以虚拟学习环境为基础，通过基于计算机的标准化学习系统为数字化学习的内容传递提供支持，促进师生在线交流。混合式学习是指综合运用不同的学习理论、不同的技术和手段以及不同的应用方式来实施教学的一种策略。它通过有机地整合面对面的课堂学习和数字化学习两种典型的教学形式，而成为当前信息通信技术教学应用的主要趋势，其目的在于

融合课堂教学和网络教学的优势，综合采用以教师讲授为主的集体教学形式、基于“合作”理念的小组教学形式（讨论学习和协作学习）和以自主学习为主的教学形式。

1. 提高绩效的学习方式

混合式学习是采用不同传递方法降低成本和优化出的一种学习方式。混合式学习是对数字化学习进行反思后出现在教育领域的一种学习方式，其主要思想是将面对面教学与数字化学习两种学习模式进行整合，试图寻找既能发挥数字化学习的优势，同时又能获得最高的效率而投入最低的学习方式。混合式学习是学习过程中最合理和自然的进展，它为构建适应个别化需求的学习和开发利用提供了极好的解决方案。

2. 效果的最优化

混合式学习的深刻内涵是为学生提供最恰当的学习内容，而恰当性与时间、空间、学习技术、学习风格、学习需求等多方面信息有关。混合式学习就是要把传统学习方式的优势和 E-Learning 的优势结合起来。

混合式学习既要发挥教师引导、启发、监控教学过程的主导作用，又要充分体现学生作为学习过程主体的主动性、积极性、创造性。只有将这两者结合起来，使两者优势互补，才能获得最佳的学习效果，混合式学习的关键不在于混合哪些事物，而是在于如何混合，即在适当的时间，为适当的人，以适当的传递媒体，通过适当的学习方式，提供适当的学习内容。混合式学习不仅仅是将各种要素简单地叠加在一起，而是研究各要素之间的关系，就像化学反应，它将各个要素进行“化合”，使各要素通过化合的过程，产生想要的效果。

3. 颠覆性创新

以“颠覆性创新理论”为基础，提出“以学生为主体”的教育改革方向，提倡适当运用数字化技术，针对学生量身打造和整合内容，让学生能在他们喜欢的地方，以他们喜欢的步调，符合他们智能类型的方法去学习。

混合式学习蕴含巨大的潜力，能对传统教育进行根本性的设计，以达到他们倡导的颠覆性创新。五个“适当”体现出了混合式学习的本质，混合式学习的课程设计应该沿着如何实现这五个“适当”的思路展开，而不是与传统教学形式殊途同归。这正符合颠覆性创新中从产品的非主流发展方向入手，寻找新的特定消费群的属性特征。混合式学习在学校教育中是一种颠覆性创新，它的发展必须借鉴颠覆性创新的规律，深入研究实施策略，精心设计，合理推进，才能达到预期效果。

## 三、混合式学习体验与学习方式

体验在众多领域如商业、心理学、教育学等领域得到应用，形成了用户体验、学校体验、课程体验、学习体验等不同的术语。体验被理解为人认识客观世界和生命感悟的过程，即表现为主体和客体之间的一种关系。人作为主体，必须与一定的对象交互作用才能产生体验，体验活动是一种特殊的、独具品格的方式。

体验植根于人的精神世界，以精神世界的特性——想象为基础。体验是个人的“内在感受”，是与个体的认识、情意、经历、感受等相关，并指向内心世界且关涉精神生活的复杂的、多维的心理活动。体验旨在主客观世界的交流与融合，是认识活动与生命活动、理性与非理性活动的协调与整合，是“意义的建构”。

### （一）不同领域对体验的理解

（1）心理学领域的体验理解。心理学领域的体验理解主要表现为两个方面：①将其作为情绪情感的核心成分，认为体验是人在情绪情感方面的主观感受，如强度、快感度和复杂度；②将其理解为人的一种心理活动过程，认为体验是主体在亲历感受和深刻理解基础上，对事物产生情感并生成意义的心理活动。

（2）教育学领域的体验理解。在教育学领域，研究者倾向于把体验看成活动及其结果的结合体，它既是主体亲历某件事的活动过程，也指通过活动获得认识和情感的结果。教育型体验要求观众有更高的主动性，为的是增进个人的知识或技能。还有逃避现实的体验，观众完全沉浸其中，积极参与整个体验的塑造过程。

“体验教育”论认为教育由三个基本要素构成，并按顺序依次存在，即“体验—理解—表达”。关注学生体验的教学是以学生的经验与活动为基础，以学生的积极参与、身心投入为前提，以学生的自主体验和自我体验为核心，以提升学生的生命质量、促进学生和谐发展为目标的教学活动。

目前对体验的研究更强调体验是一种对身体的现象学体验，即体验是身体造就的，由此才产生了具身认知的概念，强调认知、心智对身体的依赖性。具身性就是体验性；具身性的研究不再只是有关身体的研究，而是关于文化和体验的研究。认知是通过身体的体验及其活动方式而形成的，未来的具身认知研究，必将深深地打上体验的烙印。体验是个体以身体为中介，以“行或思”为手段，以知情相互作用为典型特征，作用于人的对象对人产生意义时而引发的不断生成的具身状态。

## （二）学习体验方式

1. 用户体验相关研究

“用户体验”泛指用户在与产品的交互过程中形成的对产品完整的心理感受，包含的内容主要集中于产品的可用性方面，其目的在于通过评估用户体验以促进产品优化。用户体验是指人们对于针对使用或期望使用的产品、系统或者服务的认知印象和回应。这一定义强调用户体验的主观性，且注重其过程的愉悦度和价值感，因此该定义得到了各领域学者的广泛认同。用户体验是一种纯主观的在用户使用产品或服务的过程中建立起来的心理感受。

用户体验以价值实现为核心，由有用性、可用性、满意度、可寻性、便利性以及可信度六个因素构成。当前，学术界根据体验深度将体验划分为三个层次：①持续不断的信息流向人脑，用户通过自我感知确认体验的发生，这是一种下意识体验；②有特别之处且令人满意的事情，这是体验过程的完成；③把用户体验作为一种经历，作为经历的体验考虑到使用的特定环境，能帮助用户与设计团队之间共享其发现。体验的最佳境界就是心流体验，是指个体全心投入于当下所从事任务时，内心产生的一种美好体验。此种体验使人忘却外界的眼光，不在意事情的成败，单纯地享受任务所带来的乐趣。心流理论为最佳体验提供了一个框架，一个同样整合了认知和情感领域的框架。

心流理论确定的标准包括：明确的目标、即时反馈、技能和挑战的平衡、深度专心、问题被遗忘、可以控制、超越感、对时间的意识改变、经验变得不可或缺。这些标准一直被认为是最佳体验的共同特征。

2. 课程学习体验与评价

课程学习体验评价的基本目标就是要从已知或者容易测量的影响因素来预测难以直接测量的课程学习体验。为了更好地研究课程学习体验与其影响因素的关系，需要将课程学习体验进行量化，也就是要建立课程学习体验到实数的映射关系，这样就可以研究课程学习体验关于其影响因素的函数模型，从而更准确地反映课程学习体验与其影响因素的课程体验是指学生在课程学习过程中和学习之后的感受，学生在学习过程中与课程、教学活动、教学交互、学习环境等所产生的体验。学习体验是体验的具体化，来自对课程教学活动的参与和投入，是教师教学与学生学习互动的结果。课程学习体验指学生在一定的客观环境中，对所使用的课程内容或者教学活动的整体感知，表现为认可程度。体验的机制思想，即体验的过程应是“感受—情感—理解和联想—领悟和意义”。据体验的生成过程及心理机制，可将课程体验简化为三个主要阶段：

（1）环境感知阶段。这一阶段的主要特征表现为，学生对课程环境及其学习活动的初步感知和认识，包括对课程内容与资源、课程的组织与管理、课程平台的功能、学习活动形式等外在环境的认识和感受。

（2）活动体验阶段。学生在进一步参与课程的学习活动中产生学习需要和学习情感，并在完成学习任务和挑战的过程中形成对学习支持与服务、师生交互、学习自由度等方面的理解和感受。

（3）效果评估与价值判断阶段。学生对在线课程学习过程及结果的整体体悟与心理反馈，也是学生对目标是否达成、学习效率以及收获等方面形成的感受和评价。

### （三）学习体验与学习方式的关系

根据体验和目标实现之间的对应关系，学习方式实际上关注的是认知目标实现，体验主要是参与学习过程后的行为体验和认知体验，以情感体验的方式表达，任务和能力的协调、挑战和自我效能的一致。学习方式描述了学生经历学习的方式。

对学习结果和过程质量的关注，揭示了学生如何看待两种学习方式——深度学习和浅层学习。从教育的角度而言，深度学习和浅层学习涉及设计教育环境，其明确目的是获得更高层次的学习成果，前提是情境决定了学生的学习方式。形成学习方式的两个最重要因素是评估和内容量。

学生将会以奖励的方式对待学习，教师可以通过设计和管理课程内容来影响学生的认知和学习方法。也就是说，学习成果的质量在很大程度上受到教育设计师和学习社区的影响。

关于学生的课程体验与他们的学习方式之间的关系，以往的研究结果一再表明，对良好教学的看法、明确的目标和标准、强调独立性和一般技能通常与深度学习方法有关，体验与学习方式的关系十分复杂，心流体验的产生是任务挑战和实现能力的协调，需要全身心投入，是愉快的体验，是指行为、情感投入，不一定包括认知投入。深度学习要求认知投入，是实现认知的高阶目标，浅层学习是认知的低层目标；浅层学习目标对有些学生需要全力参与，对有些学生不一定达到心流体验，不同的内容和不同的学生，达到心流体验的程度也不一样；经历同一教学过程，学习体验也不一样，目标的达成也不一样，这与学生的个性特征有关。

### （四）混合式课程学习体验

混合式学习体验可以理解为学生对混合课程学习过程及结果的感知与体验，它是学生对混合课程环境、混合式学习活动、学习交互等多方面的感知和反应。从整体意义而言，学生在实现其教育目标时所经历的各种因素的组合。这些因素包括学生满意度、参与和动机、知识的成功获得、课程完成度（持久性）、课程传递方法等。在混合式教学环境中，从体验的两个方面系统地探讨“学习体验”是至关重要的：①在学习管理系统中自动记录的行为体验，如 Web 日志；②可以在每个学习事件过程中测量的心理体验。通过结合学习体验这两个维度，能够分析每个学生在网上学习的体验，并进一步提供最优化的学习体验。

# 第二节　混合式学习的教师和学生发展

## 一、混合式学习的教师发展

教师要对学生及其学习过程中的教学内容和教学媒体进行总体的指导和把握，教师要根据学生的特点为其选择、设计特定的教学内容、教学媒体和交流方式，教师是教学过程的组织者、学生意义建构的促进者、学生良好情操的培育者。课堂教学是混合式学习的主要组成要素，置于课堂教学环境中的教师，就意味着在这一时间内教与学紧密联系，是不分离的。教师在这一教学环境中要直接面对学生，采用面对面的教学方式，对学习内容进行串讲，并对重难点进行深入分析，充分发挥教师的人格魅力、语言魅力和情感及时交流等其他媒体所不具备的功能优势，把课堂教学精心设计成为与学习认知心理活动的规律相适应的教学活动，是教师主导作用的集中体现。

### （一）教师的能力

1. 信息技术能力提高

在这个信息丰富的教学环境中，每个学生在学习过程中可能会产生各种出乎意料的情况和问题，教师必须能够随机应变并熟练驾驭各种信息技术。计算机作为现代教学的工具，在现代教学模式中的地位越来越重要，也就要求广大教师掌握好计算机技术，为现代化教学打好基础。此外，还要增强信息技术的应用能力，主要包括对信息技术重要性的认识，对信息的判断、选择、整理、处理的能力，以及对新信息的创造和传递的能力。同时应加强课件制作，为提高课件制作的数量和质量，适应多媒体教学的需要，须提高教师的课件制作水平。

教师的信息技术能力要体现为：①将信息技术作为准备教学的重要工具，从备课查找资料，到设计、制作教学软件都可以应用信息技术，从而提高教师的工作效率和质量；②利用信息技术提高呈现教学内容的质量和效率，创设更生动、逼真的问题情境，引导学生进入自主学习状态；③将信息技术作为总结教学经验的工具，用软件记录、管理教学日志，并定期通过网络发表自己的教学体会，与其他教师交流。

2. 混合式教学的组织能力

混合式学习活动的组织，教师需要具备足够的信息素养和教育技术能力，因此部分技术水平较低的教师需要得到相关的培训。此外，教师在组织混合式学习活动时，需要得到相关技术部门和管理部门的配合、支持。在混合式学习中教师具有多重角色。

作为传授知识的教师，不能忽视掌握知识的教学目标；具有问题专家的角色，对网络教学平台的问题进行尽可能深入的分析、讲解，回复学生提出的教学问题；在掌握课程重难点问题、整体性把握教学内容的基础上，明确不同内容主题的学习目标，并设计具有针对性的学习方法，以达到对教学过程的全面掌控，为后续课程学习做好全面设计和准备。既可以通过教师的言传身教、师生之间的思想碰撞和情感交流等帮助学生形成健全的人格，也可以利用网络学习的优势，如丰富的媒介资源、便捷的学习工具、友好的交流互动等满足学生的个性化学习需求。

混合教学的开展与教师的教学思想和方法是分不开的。信息技术应用于课堂，不仅仅要求教师掌握信息技术基本技能，更重要的是，要改变原有的教学观点和思想。改变传统的教学模式思想，提高教师的教学理论素养，向现代教学模式中的教师角色转型，要树立新型教师角色。具体如下：

（1）由传统课堂教学中的主讲人转变为学生学习中的指导者，由信息源变成导航者。网络提供的信息不论是在质还是在量方面都将优于教师。由于学生对学习目标和过程的认识有很大的局限性，因此教师必须按照教学目标去组织学习的整个过程，安排有关细节，包括如何运用网络来激发学生的兴趣、如何有效地获取网上的信息等。教师将由传统教学中的主要信息提供者转变为学生正确获取信息方法和技能的指导者。

（2）由信息传授者转变为学生与各方面关系的协调者。混合式学习使得学生不仅能在学校中进行学习，而且在家里也能有效地开展学习活动。教师从网络教学中摆脱了大量的备课、上课等重复性劳动，有时间和精力参与更多的学校管理工作。学生很多时间都在计算机前度过，面对面的交流减少，这对学生的情感、意志力甚至认知方式等都会产生影响。学生如何思考、如何同别人合作、如何同别人沟通，甚至如何做人等，都需要教师的指导。

（3）发挥好教师主导作用，处理好与学生主体性之间的关系。混合式学习要时刻处理好教师主导作用和学生主体性之间的关系。学生离开教师的主导作用会无所适从，甚至在有些时候会多走弯路，产生畏惧心理；但若过分强调教师的主导作用，又会削弱学生的主体性，增加学生的依赖性。为此，教师应向学生介绍相关的学习方法和教学模式，渗透自主学习的意识，帮助其建立学习应积极主动、自己安排的观念，以便尽快成为学习的主人。教师应该认真钻研课程内容，明确课程开发的意图和体例及局部和整体的联系。教师只有在熟练掌握教材内容的基础上，才会有多余的精力去考虑学生的各种情感和心理需求，最终使学生在情感需求处于良性状态时获得最佳的学习效果。教师必须能够随机应变并熟练驾驭各种信息技术。同时，教师应认真钻研和领悟课程内容，是整个多媒体课堂教学的灵魂。

（4）教师考虑课堂教学与网上学习两种活动的协调。教师要考虑课堂教学与网上学习两种活动的协调设计和互补，如何更好地设计整个教学流程促进教学优化，促进学习效率。网上教学意味着教师要参与网络课程设计，在很多情况下，教师如果本身对技术不够熟悉，就需要花费更多的时间去学习网络设计和操作课程。虽然教师可以通过技术人员的帮助解决一些问题，但教师自身的技术水平会直接影响到混合式学习的教学设计和其效能的发挥，这对教师而言是更深层次的挑战与考验。

3. 创造性的教学智慧

混合式学习本质上是教师智慧融入网络学习空间，对于教学而言，就是教师智慧融入平台，学生智慧融入平台。教学智慧是教师面临复杂教学情境时所表现的一种敏感、迅速、准确的判断与行动的综合能力。教学智慧展示常常伴随着教学过程中的方法、内容、技能等，使教学成为一种艺术。

教师的课堂教学行为只能依据课堂教学实际发展的情景，结合教师个人智慧，感知教学发展态势，辨别那些具有某种发展趋势的“记号”，进而顿悟出与此态势协调的行为对策，从而决定自己的教学行为，这个过程就是教学智慧表现过程。

课堂教学是一个教师对多个学生，学生提出的问题便具有多样性和变化性，这就要求教师具有灵活性和随机应变的教学智慧。教学智慧就是面对千变万化的教学实际情境，是在教学活动中处理预设与生成关系的智慧。教学智慧是教师施教的根本，凭借其神奇的光焰，点燃学生的灵感和创造的火花，而让教学收到神奇之功。教学智慧是不可学习与传授的，而是将原则反省的普适性和感觉的特殊性结合在一个特殊的教学情境中，其践行本身就是目的。学校集体成员可以朝夕相处，相互观摩，共同切磋，相互启发，相互帮助。大部分教育心理学家都认为，主动学习的效果要胜于被动学习。

创造性的教学智慧取决于教师能在不断变化的教育情境中随机应变的综合素质，是内化于教师的自身信念、价值与方法之中的实践能力，是教师对意想不到的情境进行崭新的、出人意料的塑造，是将教学活动中的所谓小事生成“意义”。所以，创造性教学智慧不仅是经验的产物，不仅是灵机一动，而且是立足于教师的才学、能力、教学艺术水平，特别是创造能力而生成的教师智慧。

4. 主动适应混合式教学

混合式教学期待技术的变化促进学生课堂互动的数量与质量，但需要教师主动适应，采取有利于发挥混合式教学功能的教学方法，才能带来有利于提高学生参与度的教学改变。教师从线下走到线上的转变过程中，会有一段辛苦期。转变习以为常的教学方式，对教师来说是一个挑战，很多原本需要反复讲的学习内容，现在不需要了，这将减少教师在课堂上重复操练的时间，让学习更加富有成效。在网上学习过程中，也有学生反映教师提供的学习资源太难或太简单。学习资料太难容易使学生产生挫败感，导致学生放弃学习；学习资料太简单容易使学生产生厌倦情绪，造成学生缺乏学习兴趣。实际上，以上现象都是由教师的教学设计与学生的内在特征不匹配造成的。

5. 混合式教学活动创新开展

教师要考虑课堂教学与网上学习两类活动的协调设计与互补，如何更好地设计整个教学流程促进教学优化及学习效率。教师越来越成为一个幕后的策划者与监控者，弱化了存在，但仍然是无形的操纵者，不可或缺，并需要更高素质与能力。

（1）组建教师教学团队。混合教学的实施需要建立一个团队，由组建的专业教师工作。团队整合专业相关的教学资源，遵循教学资源内容短小精悍的原则，定期更新订阅号信息，通过网络教学平台、微信公众号、手机远程直播平台公众号助手的群发功能，将教学资源信息快速及时地推送到学生的手机等移动终端，使其能有效地辅助课堂教学。不论什么教学平台，平台教学资源涵盖了多少内容，教师资源永远是教学资源最核心、最具活力的因素，要鼓励专业教师积极参与公众平台的运作，一定不能忽视教师的指导作用。要组建专业教师工作团队专门负责远程直播平台工作，及时管理远程直播平台。

（2）教师行为的混合。要想提高课堂教学的质量，关键在于对整个教学过程的控制。教师的指导作用不能弱化，教师要对学生课前、课堂、课后这三个阶段的学习进程进行控制，可实行外部控制与内部控制相结合，教师控制与学生反馈相结合，课前、课堂、课后的“三结合”方式。在整个混合教学过程中，教师在课堂教与学的过程中，按照已做好的教学设计，准备课堂讲授的内容，通过多媒体课件或板书呈现，根据学生的反应适当调整教学进度，改进教学方式。以混合教学理论为指导，发挥教育者的群体智慧，精心制作微课程。设计开发基于平台的微课程，确定学生资源和学习任务的发布方式，对学生通过平台的提问进行合理的解答，并及时发送出去；通过平台，对学生的学习情况进行监控，加以记录和分析，以便应对后面的挑战。

（3）教师还要在网络上实施一系列的教学活动。“教师的角色不再是一名教师，而更像是一名顾问或是教练。教师将较少关注对知识内容的确定和传授，教师的主要精力将放在对学生的主动学习过程进行鼓舞、激励和管理上”，如网络课程制作、网上答疑、网上布置（批阅）作业、网上组织学生的自主学习活动、提供学习资源等。教师角色中“知识来源”的作用将部分由网络替代，即技术也可承担部分的教师角色，如自动答疑系统可以为学生回答常见问题、学生间基于论坛讨论减轻了教师的讲解、自测系统的自动改卷减轻了教师批改作业的负担等。虚实不同的教学活动空间让教师的行为呈现了多样性，教师既可在真实的学校中体现教师的角色行为，也可在虚拟的网络中体现教师的角色行为。

### （二）教师的教学技能

1. 有效交互

计算机网络提供的论坛、博客、电子邮件、QQ、微信等即时聊天工具，增加了交流渠道，使网上教学的交互更个性化，且不受时间和空间的限制。网上活动的虚拟性和隐匿性削弱了交互的情感性，造成了交互的不到位。在混合式学习中，教师的参与对有效交互仍然非常重要。

教师在交互过程中要注入情感因素，即使是在线交流也要体现亲和力。尽量避免命令式、权威性语言的出现，应多采用问题式、对话式，尽量减少发表评价性意见。尽管在网络交流中教师和学生的地位趋于平等，但教师的评论仍然具有结论性的效果，可能会阻止进一步交互的形成。

对于学生提出的问题或疑问要及时反馈。由于网络交互的异步性，学生不能像课堂教学那样直接得到教师的反馈，反馈存在一定的滞后。如果反馈太慢，学生在反馈之前又学习新的知识，则会使知识发生断层，削减学生的学习兴趣。

教师要在学生不同的学习阶段（如学习的准备阶段、学习过程中、学习结束时）提供不同的交互策略。在混合式学习中，在线的交互要与课堂交流结合起来。

2. 提供学习过程管理

网上学习时学生的注意力不容易集中，自我管理约束能力下降，因此，在混合式学习中，教师对学习过程的管理是充分发挥主导作用的重要体现。在学习的准备阶段，教师要提供学习支持和管理，如选择学习指导书，学习指导书包括了课程的内容和具体的学习指导；管理和更新学习资源，对各种资源进行采集、整理、检索和利用；鼓励学生使用平台提供的个性化服务，如个人日记、笔记本、书签等，根据学生的能力和需要引导学生选择合适的学习内容等。

在学习过程中，教师要监控学生的学习过程。在传统的课堂教学过程中，教师监控的作用主要是控制和调节，以保证教学能够顺利进行。在网络环境下，学习常在一定的学习情境中进行，并以任务为驱动的方式来完成学习，教学监控必须从课堂监控转到情境监控，从对集体监控转到对个人监控、小组监控和同伴关系的监控，特别是要监控学生的小组协作学习情况，适时加入他们的小组讨论，及时解答小组问题，明确小组分工，防止“搭便车”现象的出现，督促小组完成任务。

在学习结束之后，教师要根据前两个阶段的跟踪和监控，对学生的学习过程进行评价。在混合式学习的环境下，教学测评不应该只局限于考试，应该从关注考试转变为关注学生的成长，从关注结果转变为关注过程，对学生进行发展性评价。教师应采用多元化的评价方式，如发展性评价与总结性测验相结合，课堂学习的评价与网上学习的评价相结合，学生自评、小组他评、教师评价三者结合，知识目标掌握的评价和情感态度的评价相结合等。

3. 创设学习空间设计

在混合式学习中，教师不仅要为学生创设传统校园中的校园文化，还应该注意学生在网络环境下学习的虚拟文化氛围。网络环境下的虚拟校园文化建设主要是指网络学习社区学习文化的构建，要创造自由、平等的交互环境。混合教学的在线教学主要依托于网络课程平台和学习资源，它们是实现混合式学习的重要依托。目前，网络课程平台的功能设计主要由开发商完成，教师更多关注于知识点内容的选择和资源的设计上。教师在使用开发商提供的网络课程平台之前要对其功能进行系统性的规划，发挥平台的个性化订制功能，使网络课程满足不同的需要。同时，教师可以根据自己的教学需要重新安排知识点的顺序，可以删除或添加知识点，以适应个性化教学的需要。对于学习资源的选择，教师要从关注“以教为主”过渡到“学教并重”，不仅要开发素材、课件类资源，更要开发支持自主探究、协作交流和研究性学习有关的资源；资源的内容不仅包括与课程内容相关的课程资源，还包括试题资源库和问题资源库。

4. 提高行动知识

有一些激励性的想法吸引了学者的目光和注意力。行动知识可以理解为一种为实际工作提供指导的知识方式。在学习空间设计领域，行动知识可用于设计和评估的所有阶段，但其性质随发展阶段而变化。在概念发展阶段，学习空间的使用者与建筑师在概念形式化过程中所需要的知识是不同的。它不同于空间建设过程中所需的知识，也不同于评估哪些工作做得很好，或哪些没有。一旦学习空间被使用，但被发现并不十分正确，确定对现有空间的功能差距的正确认识并加以解决，即使是以小的方式，也能从根本上改善人与空间之间的关系，为他们提供新的相互关系，以适应所需的学习和协作方式。强调利益相关者的角色、知识使用和知识创造实践、不同的思维方式以及不同方法所采取的哲学立场，所有这些都有助于人们理解可操作知识框架。

### （三）教师整合技术的学科教学知识的发展

1. 整合技术的学科内容知识

整合技术的学科内容知识（TCK）是由技术知识和特定的学科内容知识相互影响与相互限制而形成的一类新知识。TCK 是指教师在对学科内容知识深刻理解的基础之上，在教学活动中，选择合适的技术去表征学科内容知识，让其在学生面前变得更加通俗易懂，是教师对技术知识和学科内容知识相互影响、相互制约方式的一种理解。教师对于此类知识的掌握，往往要求其不仅要了解和掌握自己所教授学科的内容知识，还要对技术的特点、使用方法、应用范围和限制有着深入的理解。技术的选择在表征学科内容知识的同时，也限制了能被教授的学科内容知识的类型。同样，学科内容的选择也会限制所采用的技术的类型。

在教育形态刚刚出现的时候，人类学习知识是依靠人与人之间的口耳相传来完成知识由教授者向学生之间的传递。印刷术和造纸术出现以后，书籍就成为知识的载体，造纸术和印刷术这类新技术与学科内容知识的结合，可以被认为是最早期的 TCK 形态，这就说明技术知识与学科内容知识有着很深的历史渊源。随着书籍的普遍应用，书籍与学科内容知识的组合就不再被视为 TCK。技术的出现改变了传统学科内容知识的呈现和表征方式，让学科内容知识以一种更加便捷、直观的方式呈现在学生面前。

在 TPK 的学习和掌握中，教师往往是以一个“设计师”的角色出现的，他们并不只是实现技术知识和教学法知识的简单相加，而是要具备某种创新性思维，思考如何实现技术知识和教学法知识的有效融合，进而促进学生的学习。内隐知识是一种存在于个人头脑中，在特定的情境下难以明确表述的知识，它必须在特定的情境下通过个人亲自实践获得，且具有经验性、模拟性等特点。它之所以“不可言传”，在一定程度上是因为它不能脱离所镶嵌的情境。因此，有效的方式就是将这类知识连同它所镶嵌的背景一起呈现出来。只有有效地将学科知识与媒体技术合理整合，避免单一、枯燥、重复和交叉的模式，才能使师范生的内隐知识得以提升。

2. 整合技术的学科教学法知识

教师的整合技术的学科教学法知识（简称 PACK）需要根据学生、学校制度与文化、现有的基础设施与技术环境等实际因素来调整或完善其自身，以达到最优化的教学效果。

教师须清楚怎样利用技术来表征相关的概念；要具备以建构主义理念应用技术并传授知识的能力；要了解如何利用技术简化学生所面临的问题与困惑；要弄清楚学生原有的知识结构，以及在其基础上应用技术同化或顺应原有的知识结构。

TPACK 是信息技术支持下的学科教学知识，它考虑到了教育研究领域的复杂性，是指导和解释学与教中教师对技术思考的一个分析框架。它有助于人们理解信息技术整合到学科教学中时教师知识的复杂网状关系，有助于人们确定熟练地将整合技术融入教育中所需的教师知识的重要成分，有助于人们确定教育教学中的复杂现象。TPACK 也提供了一种交流语言，使人们有方法去有理有据地讨论和界定复杂的网状关系。TPACK 是一种情境知识，深深地扎根在学科内容、教法和技术的互动关系中。

（1）TPACK 的组成。

1）具备学科内容知识。学科内容知识认为学科内容知识包括概念、理论、观点、组织框架知识、证明和证明知识，以及发展这些知识所建立的实践和方法。

对学科内容知识进行了重新整合界定，他们认为学科内容知识应包括两个层次：①具体学科的概念性、理论性和程序性知识，组织和联系观点的解释框架知识，证明和校验的规则性知识；②教师应该掌握所教学科的实体性和句法性学科结构，其中实体性学科结构就是学科中具体的概念和规则被组织的方式，用以解释学科中的一些事实；而句法性学科结构就是学科中正确的和错误的、有效的和无效的规则集合。

2）具备教学法知识。教学法知识就是指教师所具备的一般性的、与学科无关的教学策略和教学活动方面的知识。它包括教师对教学过程以及教学实践认识的策略和方法方面的知识，关于课堂管理、课程计划开发和实施、课程评价方面的知识，以及关于教学目标、教学设计、教学中所用的技巧和方法、教学评价方面的知识。具体的教学策略包括激发学生学习兴趣的策略、课堂信息呈现策略、与学生和家长沟通的策略、课堂组织管理策略等，教学活动包括探究式学习活动、协作学习活动、问题解决学习活动等。需要特别说明的是，这里的教学法知识一定是与具体学科无关的，能够被应用到任意一门学科的一般性的教学法，教师通过对此类知识的掌握，能够更有效地组织课堂教学，采用有效方法呈现课堂教学内容，了解学生的学习习惯和倾向。因此，教学法知识是在对学习科学理论全面理解的基础上，将具体理论应用于课堂管理、课程设计和实施、学生评价等教学活动之中的知识。

3）具备学科教学法知识。教师在具体学科的教学过程中，选择合适的教学法去呈现学科内容知识，建立起学生原有知识水平、学科内容知识和学科教学目标之间的联系，从而实现有效教学。学科教学法包含两类知识：①某一学科一般性的教学法知识，这类知识一般可以在学科内跨知识点使用；②特定主题的教学法知识，这类知识一般专门应用于某一概念、理论和方法的教学。

学科教学法知识的核心理念就是转换学科内容而为教学所用，这种转换发生在教师寻找多种途径表示学科内容知识、重新编辑和整合教学资源以适应不同的教学内容和不同学习基础的学生的时候。它通过建立学生的知识基础、不同学科的内容概念与教学策略之间的联系，然后运用教学策略对学科内容知识进行重新组织与加工，从而对学科内容知识进行有效的表征，以促进学生对知识的理解。

4）具备技术知识。技术知识主要是指信息技术知识，可以分为初级和高级两个层次。初级信息技术知识是有关信息技术的具体使用和功能的适用性的知识，而高级信息技术知识是有关思考和使用信息技术的方式的知识，更多的是指一种理念。信息技术知识的掌握也不是静止的，而是一个动态发展的过程，依据教学目标、教学对象和教学环境的变化，而在合适的时间、选择合适的方式将技术整合于教学的一种思维方式。从内容而言，技术知识包括两方面：①关于技术本身的知识，即对诸如白板、计算机、网络等具体技术的实际操作方面的知识；②应用技术的知识，即教师利用技术进行信息处理、交流和有效解决教学问题等方面的知识。技术知识是 TPACK 框架中动态性最强、最不确定的因素，不同学者对于技术知识的理解也不尽相同，主要表现在对于技术知识的广度和深度的理解差异。技术知识能够帮助教师更好地表征学科内容，方便地与同行、学生、家长等进行沟通和交流，利用技术优势高效地解决教学问题。

5）情境。TPACK 框架中的境脉因素是指学生和教师组成的一个具体班级中，由包括课堂的物理环境（软硬件基础设施），学生的家庭背景、认知特点、心理素质和班级的精神面貌等诸多因素结合在一起的协同作用。境脉是整合技术的学科教学知识框架中一个较为灵活和松散的因素，对于它的理解可谓仁者见仁，智者见智。TPACK 在创立之初是不包含境脉因素的，但随着研究的逐渐深入，研究者越来越多地认识到它的重要性。境脉因素与 TPACK 的其他要素的互动，会对教师的教学和学生的学习产生促进或阻碍的作用。教师对于此类知识是很难达到像其他要素一样的掌握程度，更多的是对于具体境脉因素的一种回应，使其和其他要素良性互动，促进教学和学习。

在 TPACK 框架中，技术的更迭，可能也会引起学科内容知识和教学法知识的重构。因此，学科内容知识、教学法知识和技术知识在框架中是一种双向互动的关系。另外，不同学科、不同背景和处于不同情境下的教师对于 TPACK 的理解和掌握不尽相同，教师面临每一个具体的教学问题的时候，都需要对学科内容知识、教学法知识和技术知识进行重新组合和设计。因此，不存在一种万能组合能够适应每一门学科知识、每一个课堂。真正具有较高 TPACK 水平的专家型教师往往不是学科内容知识、教学法知识或技术知识掌握最好的教师，但他们是最能够将自己所掌握的三类知识有效融合，维持一种动态平衡的教师。TPACK 作为信息时代教师专业发展的一种新的知识形态，它成功地阐明了学科内容知识、教学法知识与技术知识三者之间复杂的交互关系；它不仅仅是一种策略性的思维方式，更是教师资格认证和培养向度的核心成分。

现阶段职教师资队伍整体素质难以适应职教信息化的快速发展要求，课堂观察结果也是如此，在教学中主要利用 PPT 或微视频，其他技术表征软件如学科专业软件、社会性软件、MOOC 等应用比较少，也缺少相应的学科教学资源。

（2）教师 TPACK 的提升策略。

1）完善教师实践制度。教师 TPACK 的实践特征决定了 TPACK 的学习与掌握发生在特定情境，作为信息时代教师知识的一种形式，是一个高度个人化的动态的情境知识。这些知识很可能分布在行业、企业、学校等不同的地点和社会环境中，这将是设计教师学习经验的关键。TPACK 框架的有效性主要表现在用不同类型的技术知识来实现不同的教学目的。特别是针对中职生，普遍存在基础较薄弱、自制力不强的状况，若能充分展现技术的优势，创设出新颖且别具一格的课堂教学情境，对调动学生的学习兴趣、激发学生的学习动机、调节课堂的学习氛围及提高课堂教学的效率都具有重要的作用。

师范生专业素质培养是学科性和师范性的统一，教师不仅要有过硬的专业知识背景与有效的教学方法，同时也应具备中小学一线相关岗位的教学能力与实践经验。高校教师的中小学教学实践能力比较薄弱，多数教师是从高校直接分配或考试而进入高校教学的，他们具备较高的专业水平，理论知识也较丰富，但缺乏中小学实践经历，缺少有效融入中小学教师岗位所需的工作过程能力。教学中理论知识讲授经常未能与专业实践相结合，培养的学生也难以胜任相关专业职位。积极调动高校教师与学校的主动参与性，把到中小学实践锻炼作为合作的重要组成部分，并长期发展下去。

2）构建教师学习社区。协同知识建构为教师 TPACK 学习和发展提供了一个新的视角，即如何借助信息时代提供的网上学习环境，借鉴协同知识建构的理念和方法促进教师 TPACK 发展，满足知识社会发展对教师提出的高要求，更好地展示教师的教学实践智慧。知识建构是一个创建、分享个人知识并不断修正公共知识的认知过程。构建 TPACK 课程研究社区能够充分地调动全体教师的智慧和力量，有利于解决个体不能理解的问题，与此同时，教师的合作与交流能够进一步推动 TPACK 理论与实践的发展。搭建信息技术交流且能资源共享的高校与中小学教师学习社区，将有利于高校教师借助集体的智慧解决个体在教学实践中所遇到的困扰。多学科的专业教师，包括专业课、文化课教师，从事理论教学、实训指导、信息技术学科教师，都应该踊跃地参与同行高校教师信息化的教学设计，主动地打破学科之间的界限，以达到更为广泛的交流协作和更加及时的互助支持，并汲取有效的经验。

3）提高教师信息化教学设计能力。决定新技术是否被采用，是否能充分发挥支持学习的潜力，其中一个关键因素是教师在何种程度上知道如何使用这些技术来支持学生的学习。技术作用于教学的当代观点有三个：①技术哲学视角提出的技术中介理论观点，认为教师和技术积极地相互形塑，理论知识和实践知识相互促进，教师知识具有鲜明的个性色彩而又与教学实践交织在一起；②TPACK 知识发展的情境认知理论，认为教师通过正规知识和实践经验主动建构 TPACK；③从教学设计科学的角度认为教师是技术增强学习的设计者。教师并不是对 TPACK 中的每个元素进行单一思考，而是从整体上思考 TPACK 各元素之间的相互关系。教师 TPK 和 TCK 等知识养成，这种中介变量会将中职教师所具有的单一维度知识在教学环境中进行衔接。

教师教育技术课程培训提供信息化教学设计能力，帮助教师将 TK 与 TPACK 建立联系。同时，高校教师又可以通过信息化教学过程实施的挑战性，去提升技术应用的熟练性、多样性和适应性，从而达到三个单一维度知识的应用到两个维度知识的整合，再到最高阶的三维度知识的教学整合，尽快提高 TPACK 的整体水平。教师 TPACK 知识的获得很难通过传统的课堂听课来实现，多年的研究和实践证明：观摩示范、案例研究、参与教学和交流讨论等是促进其发展的有效途径。

4）实行分层侧重培养。由于在学校获得的正式知识和实践经验之间的互动，因此教师知识是高度个人化且与教学实用性交织在一起。定期开展以校本培训为主的中职“双师型”教师培训，是高校教师系统获取并完善 TPACK 知识结构的一个很重要的渠道。目前培训内容的实用性与针对性不强，培训往往侧重于技术的操作知识，缺少将技术与学科知识、教学法知识联系起来的培训内容。同时，此类培训也较少邀请企业技术人员到现场，很难实现教学、实践以及研究一体化的培训模式。

3. PCK、TPK 与 TPAC 的关系

（1）从学科教学知识（简称 PCK）到 TPACK。这条路径有助于教师利用现有的学科教学知识来发展整合技术的学科教学知识。这种路径比较适合教学经验丰富，但技术知识和能力薄弱、信息技术与教学整合能力比较弱的高龄专家教师，让他们在掌握传统教学知识基础上适当地利用信息技术。对教龄在 16 年以上的教师，应首先侧重对其新技术的入门培训，以适应新技术的教学应用。建立在 PCK 基础上的 TPACK 具有缄默性特征，需要教师在信息化教学环境中有足够的时间和体验才可以获得。而这两种知识的获得不太容易模仿，需要对教学有一种真正的体验。

（2）从 TPK 到 TPACK。这条路径建议教师开始阶段使用现有的技术知识，在教育环境中学会分析和应用特定的技术，然后利用 TPK 讲授专题内容，通过数字化工具和资源的使用而使得专题内容得到更好的呈现和表征。对 1~5 年教龄的初任教师，应加强学科教学与技术知识整合的培训，避免单纯的技术性培训。他们的技术知识基本上是处于以课件为中心、相对封闭的课程整合初级阶段，还没能有效地实现技术与学科教学的整合，技术更多的时候只是作为呈现教学内容的工具，未能借助技术工具变革传统的课堂生态。

（3）PCK 和 TPACK 同步发展。该路径鼓励教师以学习设计的方式，与具有不同专业知识背景的教学经验丰富的同事合作，在实践社区中解决实践问题，并互动式地合作发展 TPACK 的各个方面。对于 6~10 年教龄和 11~15 年教龄的骨干教师，以引导其积极尝试技术整合的方式以及反思自身的教学经验为主，培养他们在新技术的选择与应用上的敏锐性和创造性，以实现技术整合教学的最佳水平。这种发展途径适合我国大力推进中职教育信息化建设，但大多数中职学校信息化水平比较低的现实。目前，这部分中职教师能选用

一定的技术与学科内容知识、教学法相结合，但课堂教学中选用的技术只是服务于讲授式的教学模式，未能发挥技术的优势对课堂进行有效的管理；对学生的学习评价倾向于采取传统口头评价的方式，缺少如电子档案袋等技术评价手段的应用。

## 三、混合式学习的学生发展

在混合式学习过程中，学生同样需要对自己的学习结果负责，学生也不再是单纯的知识接收者，而是学习过程的主动参与者。学生须明确学习目标及自身的需求，以便自我管理；能选择合理的学习步调，并能利用技术手段；善于在学习情境中加强师生、生生之间的沟通与交互，以便交换问题或建议并互相帮助；创造群组的动力，共同完成学习任务。网上学习弥补了学生之间的互动受时间、空间、害怕影响他人学习与上课秩序等因素的限制。

### （一）树立混合式学习理念

在混合式学习中，学生的角色地位已从原来的被动接受知识的对象转变为主动自主学习的主体，他们应当适应新的教学模式的特征。

（1）由原来的被动接受知识的对象转变为主动自主学习的主体。混合式学习中学生不再是被动地接收信息，而是要主动思考、主动探索、主动发现，由原来的被动地接受知识信息成为知识信息的主动建构者。学生应具有较强的兴趣和动机。同时，学生要尝试培养批判思维。在网络环境中，教师的主要作用不再是提供信息，而是培养学生自身获取知识的能力，指导学生的学习探索活动。这就要求学生发挥主动性和积极性，在教师指导下进行主动思考与探索，由原来的被动接受知识的对象转变为主动自主学习的主体。

（2）学会自主学习，开展协作学习。网上学习进行的是个别化的自主学习和协同学习，学生可以按自己的知识结构选择相关的知识内容进行学习；学生还要在很大程度上支配自己的学习时间、过程和空间，并强化自己所学的知识和所掌握的技能，具有进行及时测试并得到及时反馈的意识；在学习过程中，学生要培养和加强实时与教师和学习同伴进行交流、开展协作学习的能力，可以通过网络通信技术与同伴、专家及其他读者合作，发布作品并进行交流；可以建立个人主页或小集体主页，创设个性化的学习讨论平台。

在网络支持下，学生通过互相协同、互相竞争或分角色扮演等多种不同形式来参加学习，这对于问题的深化理解和知识的掌握运用很有好处，而且对认知能力的发展、合作精神的培养和良好人际关系的形成也有明显的促进作用。

（3）注重创造性学习，形成一种不断创新的思维模式。互联网是世界上最大的知识库、资源库，它拥有最丰富的信息资源，而且这些知识库和资源库都是按照符合人类联想思维的超文本结构组织起来的，因而特别适合于学生进行“自主发现、自主探索”式的学习，这样就为学生思维发散、创造性思维发展和创新能力的孕育提供了肥沃的土壤。在网络环境中学习，学生的学习过程不再由教师统一控制，不再像课堂教学那样强调集中思维、求同思维和正向思维，学生具有很大的自由空间，在学习中能更多地进行主动学习和独立思维，因此除了消化和吸收前人的知识与经验，应更加注重创造性学习。

（4）培养组织能力和自控能力。现代教育技术手段为课堂教学所提供的教学环境，使得课堂上信息来源变得丰富多彩，教师和课本不再是唯一的信息源。多种媒体的运用不仅能够扩大知识信息的含量，还可以充分调动学生的多种感官，为学生提供一个良好的学习情境。在网络环境中，学生面对的是整个网络世界提供的大量信息，身边没有教师和各种规章制度的监督，学生的学习活动完全在自身的管理控制下进行。因此，学生要完成网上学习就必须有较高的组织能力和自我控制能力，这体现在自定学习目标、自定学习进度、自选学习内容、自定学习路径、自己决定参与讨论和协作学习时间等。

（5）增强参与意识，增加教学中的互动性。交互性是网络的特征之一。互动式教学网络的设计使师生之间在教学中以交互的方式呈现信息成为可能。学生在网络中不仅在接受，同时也在表达；不仅可以与其所在学校的教师发生交互作用，还可以向提供网络服务的任何一位教师请求指导，提出问题，并且发表自己的看法，使得互动学习可以扩展到世界各地。虚拟课程还要求学生之间有一定的合作，而不像人们所熟悉和喜爱的大教室，学生们常常互不知底细。此外，在网络中，学生与学习环境、学习资源之间的关系也不再是定向的，学生可以有自己的选择，自由进退，自主架构。

### （二）提高学生的信息素养

教育信息化就是要提高学生的信息素养，让其转化成为学生的探索能力、自己发现问题和解决问题的能力，以及创造性思维能力等。学生若缺少必要的信息素质，构建混合式学习就会成为一句空话。学生应具备一定的计算机应用能力，不仅能够使用一些基础的软件，如上网浏览、文字处理、Office 软件、电子邮件的使用等，也应掌握如何使用搜索引擎，

进行信息资源的查找和收集，如何更快捷和正确地使用网络资源，来更好地为自己的学习服务，是混合式学习的基本技能，学生一入学就可通过计算机基础知识课程进行学习

和掌握。学生平时要提高使用软件、进行网络搜索、利用电子邮件和公告板等的通信方式操作的熟练程度。其次，要具有网络交互能力。这表现为人机交互和人与人交流两个方面，人机交互主要表现在计算机应用能力上，人与人的交流也是要通过计算机进行的，尤其是通过网络参与协作式学习，交流的能力与技巧也很重要。

## 第三节　混合式学习空间的设计与建设

### 一、混合式学习空间

学习总是在一定的时间和空间内发生的，对学习的空间维度进行研究则形成了学习空间这一领域。学习空间的研究包括对学习空间的规划、设计、实施、评价等各个方面进行有益的尝试，在技术发展的基础上，为了实现学生自主、灵活和投入的学习而开展学习空间研究，在提高教师教学有效性和学生学习投入的同时，为今天的学生准备明天的环境，使学生能够尽快适应未来的工作和生活。

#### （一）学习空间与网络学习空间

空间是物质存在的一种客观形式，由长度、宽度和高度表现出来，是物质存在的广延性与伸张性的表现。空间特征可归纳为“四性”：存在性、承载性和可利用性/可操作性。由于其他空间更多地表现为现实空间向上述空间的思维映射，因此这些空间特征可作为理解其他空间的思维“抓手”。

关于空间和人们行为的关系的三个假设：①空间和人们行为不是直接的因果关系，但空间对人们的活动和体验会产生巨大影响，即空间决定不了行为，但会影响人们的行为；②空间的意义主要取决于个体参与情境时对空间性能的体验，即个体如何使用空间决定了其对空间的体验；③空间受结构和规模影响，即一个空间的物理布局和规模可以限制或促进个体的操作和体验。但到目前为止，这些假设并没有得到严格的实证检验。空间变化对学生学习有着重要影响，但这种影响是非常复杂和不清晰的。

1. 学习空间

学习发生在一定的空间，空间变化对学生学习有着重要影响，但这种影响是非常复杂和不清晰的。学生学习方法的改变在很大程度上取决于学生对空间利用的方式和程度。因此，空间如何影响学生去改变学习方法，进而影响学生的表现，仍然是实践中值得关注的重点内容。虽然目前学术界并没有对关于学习空间的概念做出一个标准且规范性的界定，但学者从不同学科视域对学习空间做出了解释。

（1）教学论视域：学习空间是设计用于支持、促进、激发或增强学习和教学的场所。任何学习都是在一定的空间范围内发生的。因此，对学习空间的通俗解释就是“学习的空间”，为学习的发生而设计的空间，也就是学习发生的场所。学习空间是一个学生可以相互合作、相互支持的场所，在那里他们使用各种工具和信息资源参与问题解决的活动，以达到学习目标。

学习空间是设计用于支持、促进、激发或增强学习和教学的场所。从字面意思理解，学习空间是指用于学习的场所，它与教学空间、教学环境、教室等概念的内涵有相似之处。

（2）图书馆学视域：学习空间是一种高度整合的学习信息服务模式。图书馆学的相关研究历经从信息共享到学校共享空间，再到学习空间。学习空间是一个资源中心，它是包含丰富学习资源、支持学生对知识信息的驾驭，并以培养他们批判式思维和多样化读与写技能为目的的学习服务中心。学生不仅能够咨询学习过程中的疑惑，而且也可与具有丰富专业知识的教授进行交流，最后成功地完成学习任务。它是一个从学习的社会和非正式维度设计的具有动态的、充满人文关怀的空间，提供统一便捷的服务，鼓励通过交流、讨论和协作来促进学习。无论学习空间在功能上如何先进、服务上如何完备，但只有真正提升学生的自身能力，它才具备价值性。因此，学习空间必须不断改进以适应学生不断变化的学习任务。综上所述，学习空间是一种高度整合的学习信息服务模式，它是以满足学生学习需求，提高信息素养、专业技能，促进学习、研究、交流与协作为目标导向的新型实体空间和虚拟环境。

（3）教育技术学视域：学习空间包含于学习环境。学习环境多被认为能为学生完成学习活动提供资源、工具、人际方面的支持，是学习资源和人际关系的动态组合。环境是指中心事物在其特定活动展开的过程中赖以持续的情况和条件。

学生作为学习活动的主体，学习环境则可以简单概括为学生周围的符合逻辑的情况和条件，即是学习活动展开的过程中赖以持续的情况和条件。它不仅仅与支撑学习过程的物质条件密切相关，同时还与教学模式、教学策略、学习氛围、人际关系等非物质条件有着紧密的联系。学习环境的主要要素为学习空间、教学媒体和教学材料、认知工具、人际关系等。学习空间主要指支持学生完成学习任务的外部条件。学习空间包含于学习环境，主要提供学习的场所，更加注重空间的实际功能、特征、管理等。因此，学习空间属于学习环境物质资源的一种，归属于学习环境。

学习空间作为学习的场所，只要能在学习过程中发挥作用的场所，就可以称其为学习空间。例如，教室、建筑物间的走廊、室外空间的凉亭石凳，都可以被用来考虑支持各种形式学习活动的开展。从“学习空间”这一概念本身可见，其含义是指能够提升学生知识丰富程度和促进发展的具有支撑性的环境，这个环境可以是实体物质性环境，也可以是虚拟性环境。学习空间蕴含了学习的发生场所、场景，以及其背后关于学生学习的设计与信息技术增强等隐喻。

（4）教育信息化视角：学习空间是一种新的基础设施。学习空间不单强调学习由计算机及网络等信息技术的支撑所获得，更应该强调一系列项目和服务在学习任务中支持学生。将学习空间简称为一种新的基础设施，利用数字化学习环境围绕提高绩效而特别设计的服务组织和空间。

作为一种教育信息化的空间实体，学习空间所涉及维度从印刷到数字化学习环境的调整，以及科学手段、服务功能以及学生需求间的整合，它不仅仅要认识到满足学生学习需求的关键性，更应该深知学习的本质即为改变。这些改变主要包括改变现有传统的教学手段和方法，创造性地提出能够具有改进教学促进学习的教学方法，加强教师与学生、学生与学生间的协作学习，以及认识到科学技术的进步是满足学生需求、信息组织和传播的核心手段。因此，学习空间模式要求技术专家、教育者和学生共同努力，利用其专业素养帮助学生管理信息知识，使他们的学习和研究能力得到最优化的发展。

学习空间与传统学习环境最重大而本质的区别在于，它高度重视学习资源、信息资源、技术资源、设备资源以及人力资源的无缝链接和集成，将学校的各个相关部门和机构纳入学习空间的组织框架之中，在各种因素的共同支持下，为学生的学习过程提供全面支助，是促进学习的虚实融合的一站式无缝学习场所。

尽管不同领域的学者对学习空间的概念做出了不同的解析，但可以从内涵、结构和功能以及服务与特征这三个方面对学习空间进行深度且全方位的把握。从学习空间的内涵而言，学习空间是充分实现知识共享和知识创新无缝化信息环境，强调将传统印刷资源与数字化资源有效结合，成功地实现学生信息需求和知识学习的一站式服务。从结构和动能角度看，具有聚集、共享新技术或获取、共享数字信息功能的实体和虚拟空间，是虚实融合的无缝学习场所。从服务与特征而言，学习空间是一个不受时间、空间限制，提供更便捷、便利且专业的信息知识服务的综合性的信息服务平台。

2. 网络学习空间

进入21世纪以来，随着国家农村中小学现代远程教育工程、“校校通”工程等一系列教育信息化工程项目的实施，我国中小学校教育信息化环境建设得到了快速发展。网络学习空间指由教育主管部门或学校认定的，融资源、服务、数据为一体，支持共享、交互、创新的实名制在线学习场所。其内涵为：

（1）空间建设与应用的根本目标是引领教育服务模式创新，促进教育体制机制变革，推动教育信息化升级转型，适应教育现代化发展要求。

（2）空间建设与应用的基本任务是提供教育应用服务，引入行业、机构等社会资源，支持教育教学模式创新，促进教育公平，提高教育教学质量。

（3）空间建设与应用的重要内容是聚合学习过程和教育管理数据，开展学情分析和学习诊断，精准评估教学效果，提供个性化学习服务，支持精细化管理和科学决策，推动人工智能在教学、管理中的应用。

（4）空间的核心属性是共享、交互、共创，基本特征是个性化、开放性、联通性和适应性。

（5）空间的基本构成包括个人空间、机构空间、集成的公共应用服务和数据分析服务等。

（6）空间建设与应用的基础是无障碍获取空间服务的网络和终端接入条件。

网络学习空间的建设和管理引起研究者和管理者的重视。网络学习空间是指教师和学生在虚拟学习环境中的一块专属领地，在这里，空间主人既可以像博客那样收藏、创建、分享学习资源，管理自己的学习，又可以像MOODLE、SAKAI平台那样组织或参加课程协作学习，及时提供或获取教师及其他学生的帮助。

网络学习空间可分为：①广义，网络学习空间是指支持学习活动发生的任何网络环境；②狭义，网络学习空间是指专门开发的、支持在线教与学活动开展的空间。依托超星在线学习平台建设的在线学习空间，支持在线备课、网络授课和学生自主学习活动。“网络学习空间人人通”是教育信息化建设中的一个重要目标，是要达到在网络虚拟空间中，每个人都可以畅通无阻地自由学习，并且互相交流沟通，共享知识和教育资源。“网络学习空间人人通”的建设应以教学资源应用为核心，以智能终端支持和应用模式建设为重点，以网络传输平台建设为保障（“四大建设”模块），建成一个统一、开放，涵盖政治、经济、文化等业务范畴，为广大教师、学生、家长以及教育管理工作者提供教育教学信息化和管理信息化综合服务的信息资源中心与公共服务平台，从而推动资源共享，促进教育公平服务。

## （二）混合式学习空间的含义与影响

随着技术、教学、知识的发展，学生的学习特点发生了变化，教室已经不是学生学习的唯一场所，学生建构内容成为知识的主要形式。混合式学习空间是要形成对现实学习空间优化的有效指引，从而必然会形成达成成效的一些表征。在数字化时代和面向“数字土著”的教学中，混合式学习空间的构建是教育主动适应数字化时代特征的方式。混合式学习空间即为一种以学生为中心的协同与交互式学习环境，把物理环境的实体空间与信息、网络等技术所建构的虚拟化环境相结合，并整合多种信息资源与教学基础设施等配置，以促进个体或小组协作与交流的学习空间。

1. 混合式学习空间的含义

混合式学习空间的主要目标是，通过各种有效手段对学生群体的学习过程进行全方位的辅助和支持。

从功能角度全面把握混合式学习空间的含义：①综合印刷、媒体等多种信息资源，利用先进的技术手段，继承和发展信息共享空间开放获取、资源共享和空间整合的优势，建构具有“一站式”服务环境的网络学习空间，这体现了信息资源的集成特性。②构建学习空间，强调协作交流对认知过程的重要性，并营造一种轻松、和谐和愉悦的学习氛围。所建构的学习空间能够支撑学生学习、研究、交流、协作等活动，体现了学习的协作性。③混合式学习空间成为师生开展学习活动的场所，进一步满足了学习空间促进学生学习的根本隐喻。同时，混合式学习方式接入了以数字为基本运行方式的虚拟环境，为数据收集、分析、理解和应用的大数据技术应用于支持学生学习行为和偏好、改善学习模式、提供精准的学习支持服务提供了可能。

2. 混合式学习空间的影响

混合式学习空间是学习空间演化和变革的新特征，体现了混合式学习在学校教育情境中大规模推广和应用的需求，是发挥混合式学习的独特优势、实现混合式学习预设效能的环境基础。数字媒体与信息技术赋予了学习空间全新的内涵，把它推向了混合式学习空间的新境界。可以说，混合式学习空间是一个教育机构物理空间和虚拟空间的整合，目的是适应学生的个性化学习需求，促进学生有效、高效和投入的学习。

混合式学习空间不仅只是这些概念的近义词，混合式学习空间兴起的真正原因在于它蕴含着丰富的隐喻，而这些隐喻恰恰体现了人们对知识与学习理解的变化，以及信息技术对教育的影响。

（1）学习可以发生在任意场所，既包括教室、实验室等传统意义上的用于教学的场所，还包括图书馆、宿舍、办公室等场所。

（2）学习既可以发生在物理场景中，又可以发生在虚拟场景中，学习空间通过物理场景与虚拟场景的有机融合来实现对学习的支持。

（3）学习空间是以促进学习为目标而构建的，与教学空间、教学环境等概念蕴含着强调教师对教学活动的控制不同。学习空间更多考虑的是如何丰富学生的学习经验，其对“教”的支持也是以促进学生的学习为出发点进行设计的。

（4）学习空间蕴含着当代主流的知识观与学习观，它强调提升学生的学习兴趣、促进主动学习与协作学习。由此，“主动学习空间”“协作学习空间”等能够体现这种知识观与学习观的术语频繁地被研究者使用。

（5）学习空间蕴含着“信息技术增强”的隐喻，信息技术的发展为促进学生学习所需物理场景和虚拟场景的创设提供了支持与可能。正是由于学习空间蕴含着这些丰富的隐喻，研究者才通常利用“主动”“协作”“以学生为中心”“技术增强”等前缀来区分学习空间与传统教室以及教学空间。出于方便，在此不采用任何前缀，书中提及的学习空间就是指蕴含了上述隐喻的用于学习的场所。

（6）学习空间蕴含的也可以是一个心理的、隐喻的虚拟对象。无论是正规学习还是非正规学习，无论是物理的空间还是虚拟的空间，它们都会对学习实践产生实实在在的影响。

（7）学习空间蕴含着一个学习新时空。空间总是与时间有关，从这一意义上来讲，学习空间提供给学生的不仅是一个空间，更是一个学习的新时空。

总之，混合式学习空间是学生学习时间序列上信息技术支持的学习空间聚合，指课堂学习与基于信息技术手段开发的，以达到有意义学习的网络平台相结合的混合式学习环境。它强调课堂学习环境在时间和空间上的延伸，不仅要考虑虚拟学习环境对学习活动的支持，还要兼顾其与课堂学习环境各个要素之间的制约和联动，将实体空间与虚拟环境相结合，以提升学生反思与解决问题的能力，并最终达到有意义学习的效果。

包含课堂物理学习空间和虚拟学习空间的混合式学习空间成为师生开展学习活动的场所，进一步满足了学习空间促进学生学习的根本目的。同时，混合式学习方式接入了以数字为基本运行方式的虚拟环境，为数据收集、分析、理解和应用的大数据技术应用于支持学生学习行为和偏好、改善学习模式、提供精准的学习支持服务提供了可能。

### （三）混合式学习空间的技术支持与分类

1. 混合式学习空间的技术支持

建构主义理论明确指出，有意义学习是融合意义建构、社会交互、基于情境的过程，学生更喜欢积极主动、高参与度、高交互、基于真实问题情境的学习。显然，传统的固定桌椅和讲台的学习空间已不能满足现在学生的要求。随着科技的发展，人们一直探索应用科技革新学习空间，将技术与传统学习空间相整合，创建一个能支持效果好、效率高的主动学习空间，促使有意义学习的发生，进而促进学生的全面发展。

利用先进信息技术手段装备起来的学习空间具备了一些新的特点：①学习资源的多元化。学习空间既向学生提供传统意义上的印刷材料，也向学生提供电子化的学习资源。②空间设备的先进性。现在许多教室都配备了录像机、影碟机、计算机、视频展示台等多媒体视听设备，教学形式更加灵活直观。③空间环境的外延性。学习空间在高新设备与技术的支持下，学习场所的焦点已走出了教室，越来越多的学习发生在教室之外。学习空间是在生活和学术生活世界中存在着的各种形式的空间，它们有机会去反思和批判自己独特的学习位置。

考虑混合式学习相关因素的学习空间，是学习空间在特定场域的拓展，也是学习空间内涵的进阶。将开放获取、自由参与、互动交流等特性纳入其中，并实现了对学生的最大关注；将学习、信息、技术、设备、人力等资源和相关因素纳入一个整体进行组织，实现对学生学习过程的全方位支持，以适应学生的学习需求。混合式学习空间不仅强化了原有学习空间中对学生“主动性、社会性和个性化”的学习空间隐喻，更蕴含了数据支持、非线性、智慧性、碎片性等新的特性。

要实现混合式学习的价值，必然需要搭建“有序”的学习场景，这种“有序”体现在通过混合式学习空间实现统一友好的界面，有效要素实现自然融入，在线学习是自然仿真接入课堂，物理空间与虚拟空间的“有序”切换并不会带来障碍。

通过信息和媒体技术等多种手段，将数字化资源和技术有效地与学校课程或教学进行整合，创建混合式学习空间，既能够为学生提供一个开放自主的学习环境，又能够为教师构建一个信息化的实体和虚拟环境相融合的教学空间。它打破传统教学与学习时间、空间的局限，创造终身学习的条件，适应教育现代化要求。碎片性学习是无缝接入混合式学习空间的重要方式。在“数字土著”的生活环境中，“微”是重要特征，混合式学习顺应了“数字土著”的生活，按照学习目的，打破了整块的学习时间，通过不同场域之间便捷的转化方式，塑造了以“微”为特性的空间形态，也塑造了自身碎片性的特性。

在混合式学习空间中，学习、知识发现和创造、学生角色、教师角色、技术和空间之间的流动处于不断变化的状态，这些要素之间的相互作用，加上要素本身状态的迅速变化，造成了不确定性。生态思维鼓励教师从不同的理论角度考虑这种不确定性。

关于互动的社会物质观点，将目光延伸到考虑环境的物质性，以及学生与事物之间的任何共生关联。创新学习空间进一步扩展了物质性的概念，以明确处理有形和无形及其交互，同时考虑了物理和虚拟以及学生如何与两者交互和如何跨越两者。

对学习空间采取生态的立场，通过学生和工具的组合，通过要求学生完成在物理环境和虚拟环境之间来回移动的任务，寻找参与学习的方式，这些任务由提供新想法的人和现有知识的不同方式的物质对象引导。

混合式学习空间具备自我调控、自我完善、自我发展能力，以学生为中心，它是对学生的学习产生直接或间接影响的各种因素的统合。同人类生存空间一样，“资源的缺失”会引起虚拟学习空间的“沙漠化”，“信息的污染”会引起虚拟学习空间的“生态危机”，而有效调控机制的建立，可以使虚拟学习空间的机构更加合理、功能更加优化。在现代社会，学校、大学和工作场所通过引入各种思想、参与者、技术、教育学和其他因素，创造和影响教学空间，从而造成复杂性。这些空间的中心是“学习”的概念，所有其他要素都需要与“学习”保持平衡，这样参与者才能从中受益。了解所有这些要素之间的关系、学习与学习空间之间的相互依存关系，是一项非平凡的、不断演变的工作，得到生态思维的有力支持。

2. 混合式学习空间的分类

（1）个人学习空间。个人学习空间是为满足学生独立自主学习需求而创设的相对安静且资源丰富的个体学习区域，强调学生置身于不受外界干扰的学习空间内且学生之间不需要交流，只须拥有安静的学习环境即可。它的优点是，虽然该区域是处在开放性的空间中，但每个桌椅都是相互独立且桌椅之间的摆设不会相互干扰，为学生提供了良好的独立学习环境。

个人学习空间由组织机构提供，但由个人控制，在他人指导与自主学习之间保持独特的平衡，以鼓励认知和情感的投入，独立、控制与投入是有效学习的关键因素。

（2）小组协作学习空间。小组协作学习空间主要指，为以小组或团体形式的研究者及师范生提供专门的学术研究讨论或交流协作的自主学习活动空间。它的人数比较固定，一般为3~5人的小集体研讨会，形式也相对单一，多以相关专业领域的师范生对其专业方面的知识进行交流和沟通。但这种小集体形式的学习环境对私密性和公共性都有一定的要求，取决于该空间下物理资源设备的陈设和布置。因此，根据小组协作式空间的两种特性可将其主要划分为两个区域：

1）封闭式的协作学习空间。封闭式的协作学习空间是指小组协作或研究讨论的场所是一个相对封闭的环境，学生可以自由且无拘束地对学术问题进行相互交流，并不用担心影响或干扰其他的学生而限制协作学习的开展。小组协作学习空间的布局模式突破传统的知识传授者和接受者分离的格局，它的排列形式能够将学生融入协作活动区共同参与讨论，并且这种格局不拘泥于一种模式，所以这种空间下的硬件设置一般都比较灵活多变，可按活动需求随时调整。作为一个相对封闭的学习环境，为了提高讨论交流效果、保证内容的私密性，该空间还具备隔音除噪的功能。协作空间的主要功能即是达到协同学习，因此房间内的座椅都是带有滑轮便于移动，可根据不同师范生的学习需求或研讨内容进行调整，或改变房间的整体格局以满足主题内容。

2）开放式学习空间。开放式学习空间分布在具有公共且开放性的环境中，整体布局与封闭式的模式类似。在这个区域，师范生可以开展协同学习、交流学习等，它所营造的学习氛围相比封闭式空间更具有开放性。在所进行的学术研讨中，当小组学习的活动内容并不需要在封闭的环境中进行，即活动主题的内容可公开，那么可以使用开放式学习空间进行协作学习。

### （四）混合式学习空间结构与功能模型

1. 混合式学习空间教学特点

混合式学习空间是信息技术与课堂教学密切作用而产生的新事物，它整合了多学科领域的研究成果，并对学习空间和信息共享空间进行了进一步的继承和发展，以教学、研究、管理与服务革新的目标为导向，提出了更加多样化的跨时空的协同学习与研究空间。因此，对于混合式学习空间基本特征的解析可以从以下三个方面进行阐述：

（1）混合式学习空间的核心观念。知识共享是指个体知识、集体知识通过各种交流手段或方式为团队中其他成员所共享，同时通过知识创新，实现组织的知识增值。混合式空间利用创新型模式平台，成功地将实体环境与虚拟空间进行有效结合，极大地支持了学生小组或团队学习、协同合作开展知识创新。只有通过相互间的交流、学习、共享，知识才能得到积累与增值。知识共享的覆盖面越广，其利用与发展的效果就越佳。因此，成功地扩大知识共享的范围，是实现知识经济时代学生知识获取的重要保障。信息化时代以技术手段为支撑的网络学习空间，将“信息资源共享化”作为核心理念，它为广大学生、研究者提供了一个实体环境与虚拟空间相交互的智能化学习空间，让他们充分接收具有针对性、科学性、实用性和冗余度低的教育资源，使其自主学习得到充分的发挥。集资源和服务于一体的动态协作式学习环境，用信息、知识为学生学习和研究提供可以独立、自主和充分思考的机会，最大限度地激发出他们的创造力。

（2）混合式学习空间的重要特征。相对于传统的教室和多媒体学习环境，以信息技术作为认知工具的混合式学习空间，更加强调协作式学习的重要性。协作式学习是为达到小组学习目标而开展的对话、协商、讨论等形式的活动，是获得达到学习目标的最佳途径。它既包括学生之间互动交流、研讨等活动，也包括学生与教师之间的相互协同。信息、媒体技术在学生的学习过程中扮演着非常重要的角色，它们不仅使师范生可借助 Netmeeting、Internet Phone、ICQ、电子邮件、Chat Room、BBS 等网络通信工具实现相互之间的交流，参加各种类型的对话、协商、讨论活动，而且可以不受时间和空间的限制为师范生提供指引与帮助，为其解答学习过程中的疑难问题，以培养他们独立思考、求异思维、创新能力和团队合作精神。

混合式学习空间为学生组成团队进行协作学习提供了方便条件，它扩大了学生的范围，不局限在班级或熟悉的群体中，使具有不同文化背景、专业领域、学习经验的学生进行协作，从中获得多方面的收获；网络技术、数据库和人工智能技术支持的学习环境，拥有丰富的资源、各种帮助工具和学习策略支持，使协作学习能够得以顺利进行。同时，协作可分为同步和异步，使学习更加灵活。

（3）混合式学习空间的空间布局满足小组活动的开展。数字化学习空间在空间设计与布局上最大的不同就是支撑各种小组活动的开展。学生可依据小组或团队的研究主题对空间的格局做相应的调整，让各种资源设施最大限度地发挥其作用，并有效地支持小组学习活动。在这些学习室里还配备有计算机、多媒体、投影仪和电子内板等具备可移动、可调节的资源设备，以满足不同学生或团队的个性化需求。

2. 混合式学习空间模型研究

混合式学习空间的结构模型构建的主要工作是对空间、资源和服务等各种关键要素进行合理安排和配置。对于混合式学习空间的构建模型，学术界存在着不同的观点。信息共享空间是由物理空间和虚拟空间构成，其中物理空间主要是由实体的空间场所组成，虚拟空间主要指提供共享资源的虚拟场所。信息共享空间的构成可用一个三层模型来描述，即物理层、虚拟层和支持层。虚拟层主要是指各种可共享的资源，支持层主要指各种训练有素的工作人员。

（1）数字化学习环境的构成与共享空间模型。

1）数字化学习环境的构成。数字化学习环境是信息时代下将以多媒体和网络技术为核心的信息技术应用到教育教学过程中，从而引起教学环境、学习资源、学习方式都向数字化方向发展，形成具有数字化学习环境、学习资源和学习方式的空间。作为教育能力的一种全新的学习空间，它支撑着教育服务体系并面向广大师范生提供一种不受时空限制的学习环境，具体体现在以下三个方面：

第一，数字化学习环境信息资源丰富且内容具有实时性。资源涉及面广且能适应各个学科、各个层次、各个年龄段的师范生的需求。这种教育教学资源主要建立在传统纸质媒体的基础上，以其便捷性和多元化的特征化解了师范生在扩展学科知识和提升专业技能方面信息获取量狭窄的矛盾。

第二，数字化学习环境具有支持学习和服务的软件。如果硬件设施是基础、框架，那么具有开发学习资源、丰富资源呈现方式，以及提供智能化服务的软件设施，则为其构建了多样化的学习空间。

第三，数字化学习环境具备实现现实世界与虚拟环境之间进行交互的平台。师范生能够突破学科限制、区域限制、时间限制进行教学和学习研究间的交流与协作，针对疑难问题借助计算机网络等功能实现“知识交流协作区”的创建，以便学习活动有效地展开。

2）数字化学习共享空间模型。混合式学习空间的结构模型主要负责协调空间、资源和服务等各种关键要素间的合理调度和配置。作为集课程教学、教学研究和行政管理于一体的多重公共服务体系，混合式学习空间的核心职责在于服务，因此服务层是空间系统运转和发展的核心动力层。

为了能够充分发挥网络学习空间中各部门的功能，使整个体系结构正常工作，则必须以信息和媒体技术作为支撑工具，这就构成了该系统层中另外一个层次模块，即物理层，它是服务层的基础，是利用实体空间中的硬件设备和服务设施以及人力资源开辟的物理场所。为了使物理层中各项硬件设施较好地服务于服务层中的各项组织，则该结构层中需要增加一个过渡层，用以协调三层结构间的关系，这个过渡层被称为虚拟层，它是物理层与服务层之间架构的桥梁。因此，数字化学习空间可以划分为物理层、虚拟层和服务层三个基本层次。

（2）混合式学习空间结构模型。混合式学习空间是为满足用户对空间、资源和服务的综合需求而出现的一种一站式服务环境。校园的学习空间是教育体系中的物质实体，由校园整体环境、单体建筑以及其他促进学习的各类场所组成。

作为一种文化载体，学习空间承载着特定的校园文化及其场所精神。校园的学习空间是教育、技术和空间设计的交叉点，这些维度之间的联系正日益得到认可。混合式学习空间超越了传统学习环境和学习空间的褊狭，将其体系架构在两大基石和三大层次的基础上，并整合了现实和虚拟两个层次空间，实现了技术手段对两个世界中教学与学习间的汇通，并在两者之间形成了一种循环结构，充分地发挥数字化学习空间对教育教学的革新。

空间、资源和服务是混合式学习空间的三个基本要素，任何混合式学习空间都是这三个要素的有机整合。物理空间是混合式学习空间针对不同用户类型、学习风格与研究习惯而营造的实体场所，如个人学习空间、团体协作空间等，它位于混合式学习空间构成模型的底层，是混合式学习空间的基本物质条件。资源空间是基于空间为用户提供的信息资源、设备技术资源和人力资源等。混合式学习空间在物理空间和资源空间的基础上，为用户提供丰富多样、完备周到的服务，如联合咨询服务、一站式服务等。混合式学习空间的结构模型主要可以划分为：

1）物理层。物理层是构成混合式学习空间的基本条件，它包括信息基础设施和物质空间载体两方面。物理层是混合式学习空间的实体表示形式，是传统硬件设施与信息化资源配置集成的空间，为学生提供了必要的资源设施和空间以满足其学习和交流。它主要由实体空间、硬件设备和服务设施三个部分构成，并以实体空间为基础，将硬件设备和服务设施作为支撑，实体空间包括个人学习空间、小组协作学习空间、多功能教室、休闲区等；硬件设备包括计算机、网络、无线网卡等设备；服务设施包括信息咨询服务台、残障辅助设施等。物理层关注的焦点是基于硬件资源所创设的环境能够满足学生需求，它不仅包括学习空间的整体设计和布局，同时还强调交流、学习、研究和协作功能的发挥。因此，实体层遵循“因需而变”的原则，空间内部结构元素根据学生的需求以及目标而做出相应的改变。

2）虚拟层。虚拟层是指学生进行学习活动的虚拟空间及融入其中的各种学习资源，指不同类型的网络资源及服务所聚集的平台。虚拟层由虚拟空间、信息资源、网络软件及设施等部分组成，是学生学习、交流和共享知识的虚拟场所。用网络技术或软件工具构建，如即时通信、博客、维基、社会网络、知识库、信息聚类、社会书签、知识共享等，重开放获取、交流互动、知识共享以及与本地或远程用户的互动。虚拟空间包括各种社会网络空间、学习社区、兴趣社区、虚拟实践社区等虚拟环境；信息资源包括数字图书馆资源、网络精品课程、网络课件、MOOC、网络精品资源和其他各种息资源等；网络软件及设施包括各种网络软件、信息获取与共享软件、网络教学软件、网络办公软件、多媒体软件以及其他应用软件等计算机软件、网络教学软件、计算机办公软件、多媒体软件以及其他应用软件。因此，丰富的信息化资源是建构混合式学习空间的基础，只有创设多样化的数据库资源、网络资源、MOOC 等，才能成功地实现学生对信息资源的“一站式”获取。

3）服务层。服务层是支持层次，涵盖社会、政治、文化的人际范畴，如公开性演讲、学术交流等，也称为创意共享空间或社交共享空间。服务层是指混合式学习过程中所形成的学习氛围、学习风气、学习态度、价值观，以及为保证学习活动的顺利开展而制定的各项规则制度，最终会形成一种学习约束机制和道德规范机制。服务层的形成有赖于人们对混合式学习过程中学习模式的设计、教学策略的选择和规则制度的制定。服务层是一种隐性的环境因素，它反映了团队成员中带有共同倾向的心理状态，良好的规范环境可以减少学生的行为偏差，有利于他们持久学习动机的形成，提供和谐、生动、活泼的学习氛围和优良的学习环境。

3. 混合式学习空间功能模型

网络学习空间分为个人空间和机构空间，并集成了公共应用服务和数据分析服务，支持不同角色用户在同一空间中的身份切换，实现“一人一空间”；支持不同角色用户的互联互通，实现信息沟通与数据交换；支持各类公共应用服务的汇聚与调用，实现服务贯通。

个人空间是具有角色基本功能且可拓展的个性化工作与学习场所，是调用各类应用服务的个人应用枢纽，支持资源管理、教学管理、交流互动、信息查询等。机构空间包括班级空间、学校空间、区域空间等，能够调用公共应用服务，支持成员管理、生成性资源管理、信息发布、活动组织与活动分析等。公共应用服务包括资源共享服务、教学支持服务、学习交互服务、决策评估服务等。数据分析服务提供各类数据分析工具，利用用户的基础数据、空间行为数据，对用户行为进行动态分析，为个性化资源推送、学习分析与诊断、精细化管理、科学决策等提供支持。用户通过个人空间或机构空间，调用公共应用服务，支持教育教学活动。空间应用中形成的生成性资源，根据用户意愿，存放于个人空间或机构空间。

（1）教学功能。由国家层次上的信息化技术手段为支撑的基础设施与本地层次上的硬件设施整合而成的基础结构，为人们提供了一个可进行大规模教育教学研究和实践的模式平台。借助于硬件设备、信息资源等，学生不仅能够接触纷繁复杂的实体或虚拟空间，不受时空限制地获取各式各样且具有实时性的信息资源，还可参与该学习空间所开设的各种学习活动，包括虚拟社区教学活动、在线讨论交流等，同时教师可以及时并完整地接收学生的反馈，以便于准确地对学生的学习活动、进程和结果进行有效的评估。

利用信息技术基础设施平台，可将零散的信息资源、学科专家、教育学者和学生联结起来，共同构建一个集资源和专家于一体的全球性网络空间，不仅能够使学生更加便利地获取各类学习资源，从实践中得到具有针对性的帮助，而且还可以依据学习需求自主地选择网络在线课程，或活动实现隐性学习经验的显性化。对于教师，则可通过媒体和信息技术手段及时且准时地评估学生的学习过程和结果，以便于对其进行科学有效的分析，从而改进和提升教学绩效。

（2）交互协作功能。教育是人与人之间共同的精神建构，是相互的思想交流、理解和沟通。网络通信技术成为一种人类沟通交流越来越有力的工具。在混合式学习交互协作中，计算机媒介沟通工具可以有效地支持人际互动，扩展参与沟通成员的范围，扩展理解与思想的广度，促进学生与教师、同学、专家等人的跨越时空的沟通交流。助学者可以方便地给学生提供咨询指导，包括如何掌握正确的学习方法、把握学习进度、对学习进行评价，如何选择、利用各种信息资源，如何在学习过程中与教师、同伴进行交流等，从而激励学生积极主动地参与网络教育。

交互协作环境可以支持同步交互（网上聊天室、视频会议等），让学生与身处异地的教师、专家和其他学生进行实时交流，同时也支持异步交互，学生可以在发言之前对自己的想法进行更深入的反思和完善，因此有利于实现更为深入的讨论、研讨。网络不仅仅是计算机的联网，更重要的是人的心灵与智慧的联网，它缩短了人与人之间的时空距离，从而可以实现更便捷、更广阔、更灵活开放的人际沟通互动。

（3）管理监控功能。混合式学习需要对学生的学习活动进行监控。管理监控环境支持对学习活动的规划设计，收集和保留关于学生学习情况的信息，跟踪学生的学习进程，为学生提供有效的测评、反馈和建议，并在必要时对学生的学习活动进行有针对性的干预和控制。在传统的学习环境中，主要由教师人工完成对学习的监控职能，而且主要是外部监控。在混合式学习环境中，新技术和新工具的应用可以为学生的学习监控提供有力的支持，包括学习管理系统、电子学档、计算机辅助测验、适应性学习系统等，从而可以提供关于学习状况的信息和学习建议来促进学生对学习过程的自我计划、自我监视和自我调节。

（4）评价激励功能。对于处在分离状态下的学生而言，良好的评价激励环境具有不同的寻常意义。对于混合式学习的评价，除了对学生的阶段性成果做出评价，更主要的是要不断地为学生在混合式平台上的自主学习提供指导性的、方向性的意见或建议，从而不断激励学生的学习信心和热情。

## 二、混合式学习空间设计与建设研究

### （一）混合式学习的空间设计

空间是客观的物质存在，空间又与主体的意志密切相关，主体的情感和意志是客观性质的空间获得意义的重要来源。空间不仅具有物质特征，同时也具有社会特征。混合式学习空间是相对空间与绝对空间、经验空间和先验空间、客观空间与主管空间的统一，网络技术、云计算、物联网主导下的互联网，已经不只是信息传递的工具，而是不断形塑一种全新的社会环境和生活空间，并对人类的思维方式、行为倾向和自我认同能力产生深远的影响。虚拟空间也会因主导性中介技术属性特征的不同而呈现多样化的特性。

虚拟空间具有抽象性特征，因关键技术的突破或创新而不断裂变，而只有明确了主导性中介技术的虚拟空间才是具体的、可辨识的。虚拟空间与现实社会空间具有同构性，“作为一种处理信息的技术，新信息技术可以不断应用到自身的动态发展上来，而其推动的网络化逻辑也使信息技术自身充满弹性并朝向融合与凝聚，不断打破旧的技术区分轨迹”。

1. 虚拟与真实学习空间的统一

在混合式学习中，学生主要是通过教育机构为其专门设计制作的网络课程材料来进行自主学习，以利用虚拟学习空间为主。但是，为了拓宽网络教学的实践和提高其质量，需要虚拟学习空间和真实学习空间的有机结合。虚拟学习空间和真实学习空间使学生得以间接或直接地获取经验。经验是一种学习的途径，学生只有通过直接经验和间接经验的有机结合，才能很好地获得知识并掌握技能。

随着虚拟实验室技术的发展，有些实验知识和技能可以通过虚拟实验室来进行学习。虚拟实验室都是通过预先编好的程序来设计的，学生无法“随心所欲”地去左右它。

2. 个人与公共学习空间的有机统一

对一个教育机构而言，学习空间是整个机构所提供的学习环境，包括正式环境、非正式环境和虚拟环境；从整个教育体系而言，学习空间是学生在正规教育中所经历的各级各类教育环境的有效接合；从整个社会而言，学习空间则包含公民接受正规教育和体验社会教育的各种物理环境、虚拟环境以及虚实结合的环境。无论从哪个层次建设学习空间，必然包括学生个人学习环境的建设和公共学习空间的建设，而两者的统一是在学习空间设计时必须考虑的。

混合式学习空间要为每个学生提供私有的和个性化的个人学习环境，集成学习管理系统、学习资源平台和各种社交应用，实现跨平台的整合，为学生提供统一的学习管理界面，使学生不用游走于各个系统和平台之间，从而让学习更加高效；公共学习空间承担公共服务的功能，要能够实现记录学生的学习过程、识别学生的学习情境、感知学习的物理环境、联结学习社区等功能，从而更好地提供适应学生个性特征的学习支持和服务。事实上，公共学习空间除了服务于学生，为其提供智慧学习环境，实现自适应和个性化的学习，其学习数据分析还可以为教育机构、教育体系和社会三个层面提供政策决策的参考。

3. 综合考虑最新技术与个性化学习需求

增强现实技术、富媒体技术、传感器技术、学习分析技术等最新发展的技术为构建物理和虚拟融合的学习空间提供了可能。增强现实技术本身就是虚拟和现实混合的一种技术，能够结合虚拟化技术再来观察现实世界，从而增强现实观感体验；丰富媒体技术把文本、声音、视频、动画等媒体形式和自然的交互设计整合起来，拓展了交互的概念，增加了用户的参与，从而极大增强了用户体验；传感器技术的发展为学习情景识别和学习环境监测提供了重要支撑；学习分析技术对学生以及学习情境的数据进行测量、收集、分析和报告，为更好地理解和优化学习以及学习发生的情境提供了重要参考。由于当前学生是在数字技术环境下成长起来的一代，他们往往被称为“数字土著”。“数字土著”一代具有不同于以往学生的学习特征，他们喜欢与人协作，对技术使用依赖，偏好连接和体验式学习。学习空间的建设要考虑新一代“数字土著”的群体学习特征，创建能够支持学生彼此协作、便捷接入网络、促进真实学习的环境，同时要尊重学生的个性化需求，推动自适应和个性化学习。

4. 不同的教学法对学习空间有不同的要求

学习空间建设的目的是为学生创建虚拟和现实无缝融合的环境，使学生能够轻松、有效和投入地开展正式和非正式学习。学习空间的设计要考虑教学法，要能够根据不同的教学法进行灵活的调整和变化，要能综合支持课堂听讲、自主、探究和协作的学习方式，同时还要支持户外移动学习和泛在学习方式。以教室空间为例，既要能支持讲授的教学方式，教室内的座位布局可调整为典型的“秧苗式”，又要能支持探究和协作的教学方式，教室内的座位布局可调整为“多组圆桌式”。教室空间能提供模拟真实情境的学习环境，同学之间利用各种数字资源和丰富的工具进行研究，根据问题展开讨论，可以方便地和本地或者远程的教师、同学进行交互，学习结果能够灵活地展示给全班同学。

### （二）混合式学习空间的建设研究

1. 混合式学习空间的建设模式

随着学生需求的不断提升，混合式学习空间必须以其独特的优势、全新的模式以及便利的服务为学生打造一个智能化、多功能且满足学生需求的学习空间。因此，学习空间模式的选择与开发作为建构混合式学习空间的重要环节，不仅关系着空间开发的组织方式和采用的开发模型，同时也对日后学习空间的功能性和实用性产生影响。目前，混合式学习空间的开发模式主要有三种：

（1）点轴式开发模式。点轴式开发模式是增长极理论的继承和发展，其核心思想是借助据点式开发模式，不断地吸收各种信息资源、信息与媒体技术、学科专家、硬件设备等，利用其自身模式的特性不断地发展和扩充，并将相互之间具有关联的学习空间通过信息间传递的模式联结起来。而这种联结的轴线就构成了物理与物理空间、物理与虚拟空间以及虚拟与虚拟空间的枢纽，当枢纽所联结的空间吸收和容纳的各种资源或空间区域已足够大时，它将会把内部的资源逐步地扩散和转移到周边或邻近区域，从而使原有的学习空间产生一种扩散效应，并利用其优势和特性形成一种扩大式的学习中心。例如，走廊、桌椅等都属于原有学习空间的外延学习空间。当然随着网络技术的发展，这种外延学习空间的形式更加多样化，新的模式平台可以借助通信技术的手段成功地实现实体与虚拟空间的融合。

点轴式开发模式的两大影响——极化作用和扩散效应都在一定程度上作用于数字化学习空间。极化作用，简而言之，是增长极周边或邻近区域的资源不断地向增长极集中、靠拢，使中心的学习空间的规模、信息量和基础设施不断壮大，即能够吸引周边要素向增长极集中的行为。但极化作用不会永久性发生，这主要是由于带动学习空间之间发生相互关联的枢纽，即信息的传递渠道是一个双向流动的过程，它将各个学习空间的信息资源、科学技术、学科专家等不断地进行交互与传递，使增长极内部的资源在不断吸收的同时也扩展到周边空间，以带动周边领域的发展。点轴式开发模式最终希望形成一个由功能各异、形式多样的学习空间和空间之间产生联结的枢纽组成的数字化学习空间。

（2）据点式开发模式。据点式开发模式基于经济学领域中的极理论，通过对原有资源匮乏和技术落后的区域提供指引和辅助增长极来带动该区域发展的一种空间开放模式。它的核心思想是不改变原有的空间模型，利用现有资源集中建设，不断地完善和改进原有空间，使构建后的模式满足学生需求。据点式开发模式以学习空间信息资源、硬件设备以及师生需求的实际情况为依据，并在此基础上确定学习空间的结构与功能，将空间的功能建设建立在原有的模型基础上。利用这种模式开发的学习空间能够更好地利用原有的资源与技术优势，使所构建空间具有较强的突出性。

据点式开发模式的优势主要包括：①风险小。它的核心理念是利用现有资源和技术设计、完善原有的模型，不仅减少了投资的风险，而且提高了空间的实用性和功能性。②投资少。由于前期的准备工作已将实施方案、成本计划等做了合理的规划和制订，因此在后期筹备实施时就能够有效地节约工程项目的开支。③缩短开发周期，提高工作进程。这种开发的模式对数字化学习空间的建设在整体上已有了全面的了解和把握，并对其建设达成了一致，主要的工作是将现有资源集中于空间的建设，而不必考虑建设过程中的不可控因素。因此，该模式能够更好地缩短开发周期，加快工作进程。④适用于资源匮乏和技术落后的区域。

（3）网络式开发模式。网络式开发模式是点轴式开发模式的进一步延伸，是其点轴渐进扩散的结果。该模式的核心观点是点轴式学习空间发展到一定阶段，增长极的影响范围在不断扩大，大多数的学习空间已形成了较为完善的结构体系，即具备丰富的信息资源、科学技术、硬件设备、学科专家等要素，若在此基础上进行网络开发，不仅能够加强增长极与整个空间之间信息交互的广度、密度和深度，而且借助网络的优势能够增强外延学习空间的发展，促使增长极空间与周边空间的信息资源进行合理化的配置和组合，从而扩大学习空间内部的发展。

不同于点轴式开发模式强调以增长极空间发展为核心，网络式开发模式更注重学习空间的均衡分散发展，不断地将增长极空间的要素向周边扩散，以缩短网状空间内各学习空间的差距。因此，网络式开发模式一般适用于资金雄厚、技术先进、物资丰厚的区域，它不仅能够借助现有资源对原有的学习空间进行改造、更新，而且利用网络模式的优势加强点、面之间的信息交互，使其他空间也得到发展。正是由于网络式开发模式的核心理念是推进学习空间一体化发展，因此数字化学习空间在结构上总呈现一种网状分布的形态。这是一个纵横交错的利用各个结点将各个空间的资源链接成一个结构完整、功能多样的体系结构，并通过技术和信息间的传递成功实现数字化学习空间的均衡化发展。

2. 混合式学习的空间建设体系

混合式学习空间的设计要满足学生的需求，要综合考虑技术的最新发展，要和学习方式、教学方式相结合。学习空间作为一种信息资源，技术和服务整合在同一平台模式，竭力为学生提供信息需求和知识学习的信息服务平台，其空间体系结构的构建可以从三个方面进行系统化的探究：

（1）学习空间的空间建设。物理空间的构建与布局是信息共享空间开展服务的平台。对于物理空间的规划，主要具备的内容：①信息咨询服务台。一般位于学习空间主体楼层的核心区，提供专业参考咨询助理以及具备技术技能专员等。②个人学习空间。包括电子阅览式和传统资料阅读式，提供个人学习所需要的空间和软硬件资源，如配备有桌椅、书架、计算机、分布式打印、无线网络、电源等设施。③小组协作空间。提供研究课题以及学习讨论所需的会议室以及相应的软件资源和硬件设备，如计算机、投影仪、放映机等。④开放式学习空间。为方便小规模的学生学习和讨论或课题的培训等提供更为开阔和开放的电子阅览室。⑤休闲娱乐区域。集休闲和学习于一体，配备能够舒缓学生压力的设备，如沙发和茶几、饮料和食品等，使学生在自主学习或协作学习的同时，始终能够保持愉悦、舒畅的心情。

（2）学习空间的资源。学习空间的资源可以从两方面进行概括：①信息资源库建设和网站建设。信息资源库建设包括传统纸质形式的文献信息资源，利用科技手段建立的数字化资源索引数据库，零散、无序且具有价值性的网络信息资源（简称网络资源指引库）。网站建设包括主页、功能以及栏目导航设计三个板块，由于学生主要采用网络学习方式进行学习，则可在功能板块加入网络学习模块、资源库以及咨询服务模块。网络学习模块提供学生必须学习的教学课程、学习软件、教案课件等相关资料；资源库则是包括各个领域信息资源，且设置检索条实现本地资源以及外地信息的一站式统一管理和检索。②学习空间的人力资源。一个多功能学习空间需要大量专家和专业技术人员的共同参与，除了能够提供学习空间硬件设施以及信息资源库，最具有支撑性的因素主要有参考咨询专家、计算机咨询专家、在线学科专家。参考咨询专家主要负责提供各类相关专业技能指导和帮助；在线学科专家将学生和各类学科专家通过网络技术组建一个专业学科导航系统平台，并进行针对性的授业解惑。

（3）学习空间的运行机制。学习空间的内部机制一般分为三层，包括：①信息咨询服务台。将信息咨询服务台作为学习空间运行的核心，其主要职责是为学生提供指引和帮助并参与技术性服务，主要由参考咨询馆员、计算机技术专家、多媒体专家组成。②内围支持层。内围支持层为学习空间内部的部门，由信息咨询部、技术部、参考服务部、教育指导部和管理协调部共同构成。③外围支持层。外围支持层是学习空间外部的部门或机构，其主要职责是提供校内以及校外相关单位的信息资源、智力资源和技术资源，将信息咨询服务台接收到的各类问题，指派给相关部门和机构进行有针对性的处理，并将解答后的问题反馈到信息咨询服务台，最后由它传递给学生，使其疑难得以解决。它包括学校内各院系的师资力量、教学设施等，同时也包括学校外部的智力和技术支持等。

3. 混合式学习的空间建设策略

信息技术拓展了学习空间，使学习空间不仅仅是物理空间，还包括虚拟空间；信息技术增强了教学法，使教师可以采用多种教学手段进行教学；学习空间可以促进教学法，灵活、丰富的学习空间为教师的教学提供了多种选择，也可促进教师改变教学方法，提高教学效率和效果。

在设计学习空间时需要综合考虑数字技术、数字教学法、新的教学内容和学生等要素，强调只有当综合考虑物理和虚拟的学习空间、教学法以及数字技术时，才能促成有效学习的发生。

混合式学习空间构建依赖较为丰富的物质资源，如物理空间的打造需要教学楼、教室以及与混合式学习相符合的教室布局；需要打造虚拟空间以及满足虚拟空间运行所需要的条件，就以教室而言，打造混合式学习空间需要 Wi-Fi 的覆盖，满足接入互联网的需求；需要打造一个自由获取资源的终端系统；需要适合拼装的桌椅；等等。此外，合适的学习平台用于教师整合数字化资源更是需要大量的投入，这些都需要调动大量资源进行建设。在设计混合式学习环境时，可主要采用如下策略：

（1）搭建适应多种教学活动开展的物理环境。物理空间主要指教室物理空间、教学硬件资源的安排和放置，以及支持网络学习的传输系统和平台环境。由于混合式学习包括面对面教学、在线教学多种教学活动，包括协作学习、自主学习、探究学习等多种学习方式，因此物理环境的搭建要能为多种教学活动开展创造良好的条件。

（2）提供优化的师资队伍组合。教师作为空间使用者，空间直接影响教师的教学行为。首先，新型空间的特征功能为教师改革教学方法提供机会和可能。可视化、美观、独特的技术、可写幕墙和灵活的布局是学习空间的最有力特征，可以增加学习气氛，提供专业实践实施的机会。TILE（Transform、Interact、Learn、Engage）教室提供了一个促进协作学习的环境，这种环境可以使用在传统教室中无法应用的教学方法。

（3）尽量创设真实的活动情境。培训注意的是培训的内容、讲授的方式，而对培训的情境注意不够。培训者往往习惯于营造讲授式的课堂教学环境，而对营造受训者积极参与、亲身体验的学习环境认识不足。情境学习理论认为，学习是在一定情境下发生的，是个体参与实践并与环境相互作用的过程。而教师培训是一项实践性、情境性很强的活动，因此在设计学习环境时，应重视任务情境的设计，强化与实际教学问题的联系，为学生提供情感交流的环境。

（4）选择合适的学习资源、媒体工具与学习序列。混合式学习主张把非数字化的资源和多种多样的数字化资源进行混合，主张把各种媒体工具相混合。为了使这样的混合达到优化教学的效果，根据学习目标，对学习资源的类型与内容进行选择；根据媒体选择的高效——低耗原则，分析媒体的特性，选择合适的媒体组合传递学习信息。此外，由于混合式学习是传统面对面、以教师为导向的教学事件和以数字化学习为基点的教学事件的融合，因此要根据学生的认知特点与教学规律来合理安排面授和网络学习各种教学事件的顺序（即学习序列），使之成为一个有机的整体。

（5）组成学习社区。在这种学习社区中，学生可以模仿和观察社区成员的作为，并且获得社会性的支持/帮助。创建学习社区，首先要确定共同的学习目标和任务，因为只有这样的任务才能使社区成员产生“沉浮与共”的社区意识和情感，形成“人人为我，我为人人”的相互依赖的关系。

社区成员要进行适当的角色分配，使学习社区中的每个人都能发挥自己的专长，并能够为他人提供适当帮助，因此要鼓励其通过对话协商，通过建设性的讨论、提问和批判质疑来形成知识的意义。

（6）建立多元化的评价维度。混合式学习评价与传统评价有很大的差异，由于学习形式多样化，因此对学生要实行过程跟踪，评价机制也要随之改变，不能是单纯的书面考试，要建立如理论考试、实践、技术、思想等多元的评价机制，对学生进行全面的评价，以确定是否达到培训目标。混合式学习效果的评价更加要求教师队伍建设要关注学生对混合式学习的接受程度、学生的学习成效、学生的学习满意度等。

## 第四节　混合式教学的理论基础与教学设计

混合式教学是指在适当的时间，通过应用适当的媒体技术，提供与适当的学习环境相契合的资源和活动，让适当的学生形成适当的能力，从而取得最优化教学效果的教学方式。混合式教学从教师的主导地位出发，关注如何帮助学生取得最优化的学习效果。

面向全体学生的掌握学习理论起源于工厂标准化、流水线式生产思想的教育教学人才培养模式，是一个要求在规定的时间内，采用标准化的教材、统一的教学方式、统一的教学媒体，以及标准化的考核评价方式等实现标准化的教学过程。在教学设计的过程中，教师被迫选择以中等水平的学生群体作为参照，开展教学设计、教学进程安排和教学评价等活动，其结果必然会导致学生之间出现学习差异和成绩分化的现象。学生成绩分化的正态分布曲线反过来继续强化教师的教学设计，并最终形成一种教学设计与学习成效的恶性循环。然而，如果教学是一种有目的、有意识的活动而且富有成效，那么学生的学习成绩就应该是一种偏态分布，即绝大多数智力正常的学生的学习成绩能达到优良甚至优秀。

## 一、混合式教学的根本与混合式教学的特性

### （一）混合式教学的根本

第一，依托技术，在“教”与“学”过程中进行信息和知识的传递。但是在传递的过程中，需要选择合适的时间和对象，采用合适的教学技术和通过合适的技能来优化教学，确定学生的学习质量和业绩。

第二，混合式教学不是在线学习与课堂面对面学习的简单混合，而是有关“教与学”多个维度和方面的组合或融合。这些维度可以是教学理论、教学模式、教学活动、学习主体、课堂学习环境、在线学习环境、教学媒介、教学材料、教学资源、学生支持服务等等。

第三，混合式教学的关键是对“教与学”的所有要素进行合理筛选和优化组合。混合式教学是为达到“教”与“学”的目标，对“教”与“学”的要素进行优化组合，以期获得最佳效果。

第四，混合式教学本身是一种教学理念和教学策略，该策略需放置于信息化和网络化的教学大环境中。该理念可包容各种教学理论、多元的教学方法、多样化的学习目标和学习环境，集各种教学资源于一体，实现师生、生生和人机之间的有效互动。

### （二）混合式教学的特性

第一，时代性。混合式教学是教育国际化和信息化的一个必然产物，在教育领域备受关注。而且，随着科技的发展和教育技术的不断更新，混合式教学也将被赋予新的科技内涵。

第二，实用性。混合式教学源于企业培训。后来，很多国家将其用于教育领域，包括中小学教学和高等教育的教学、教师培训等。该领域的探索和实践研究表明，混合式教学

被证明是非常有效的教学方式。可以说，应用和研究领域非常广泛。

第三，多元性。从混合式教学的定义中便可知“多元”的特征，“教”与“学”多种要素的整合，以及各个教学维度的有机结合。同时，其涵盖的理论基础也是多元的，涉及认知主义、行为主义、建构主义、社会文化理论、教育传播理论等多种教学理论。

第四，动态性。从混合式教学的首次出现到后来经历的几个阶段可知，混合式教学随着时代和环境的改变而不断完善和发展，教学模式、教学方法、教学内容等日趋多样化。

## 二、混合式教学的教学设计

系统化的教学设计模型是教学设计理论的抽象化图形描述，以其精简化、可视化、操作性强等特点，成为教育、培训领域课程设计与开发的指导性设计模型。

### （一）系统化的教学设计

1. 教学设计的分析阶段

对于混合式教学的课程设计而言，按照系统论的观点，教学系统要有明确的目的，课程体系要有整体性，要与学生有明确的相关性，并与教学环境相适应。因此，分析阶段的内容主要包括教学对象分析、教学内容分析以及教学环境分析。教学对象分析主要从学生的共同特征、已有知识储备、学习风格等三方面出发，以便为后续的教学目标的确定、教学媒体和策略的选择、教学内容和活动的组织策划等提供实施依据。教学内容是实现教学对象向培养目标确定的能力转变的支撑性材料。

教学环境是实现教学活动的主要媒介和载体，也是教学目标实现的重要条件保障。混合式教学环境主要包括网络数字化学习环境和课堂教学活动环境：网络数字化学习环境包括网络硬件环境的配置、网络学习平台及其可用资源的建设、学生可用网络学习设备的环境配置等软硬件环境资源；课堂教学活动环境主要包括实验活动室、支持合作探究的研讨型活动室、便于开展讨论辩论的活动室，以及便于汇报、展示和交流的多功能教室等。

2. 教学设计的设计阶段

（1）教学目标与重难点设计。教学目标与重难点设计是混合式教学设计的灵魂之所在，对后续阶段起着统领作用。结合对教学对象和教学内容的分析，可从知识、能力、情感态度价值观等三方面对教学目标进行分类阐述，并由此确定教师教学和学生学习的重难点，使得混合式教学活动的开展有的放矢。

（2）教学媒体选择和教学策略设计。教学媒体选择和教学策略设计是为了实现教学目标，而选择并确定信息传递的通道以及师生开展教与学活动的组织方式。

（3）教学过程与教学资源设计。教学过程与教学资源设计是在教学策略确定之后，围绕学习活动而开展的具体教学过程和资源的设计。

在混合式教学中，教学过程设计不再仅仅局限于传统的课堂教学这一个环节，而是围绕学生课前、课中和课后三个阶段学习活动而进行整合的设计，包括课前自主学习任务单的设计和网络学习资源的设计、课堂教学与研讨活动的策划与设计、课下研究性学习活动的设计等环节。

（4）学习评价设计。学习评价设计是混合式教学设计的最后一个环节。通过学习过程的评价（如学习平台的用户日志和在线测验完成情况）、研究性学习成果评价（如组内自评与互评、组间互评、师生互评）和课程的期末考试等三个方面进行学生学习效果的评定。

3. 教学设计的开发阶段

在开发阶段，课前需要完成与学生自主学习相关的配套资源的开发，主要包括：

（1）自主学习任务单的制作。自主学习任务单是引导学生利用配套学习资源开展学习活动、完成学习任务、实现教学目标的学习支架。

（2）以微视频为核心的在线配套课程资源的建设。以微视频为核心的在线配套课程资源的开发活动。

总之，自主学习任务单和导学案的区别，明确自主学习任务单中任务设计的核心是将教学内容的重难点转换为面向真实情境的问题解决，以此培养学生的自主学习能力和独立思考能力。

5. 教学设计的实施与评价阶段

（1）教学设计的实施阶段。

实施阶段旨在通过借助合适的教学媒体，将虚拟环境的优势和现实环境的优势相结合，开展教学和研讨活动，实现人才培养目标。混合式教学的实施可以分为以下三个阶段：

1）混合式教学的课前阶段。在混合式教学正式实施前，教师需要将设计并已制作好的自主学习任务单和以微视频为核心的在线配套课程资源上传至学习平台。自主学习任务单可以分为三个部分：①学习指南部分，可以为学生提供课程和教学的相关信息，如本节内容的教学目标、重难点以及学习方法的建议等；②具体任务部分，明确要求学生通过观看微视频并应用相关的配套资源，完成与教学重难点相关的学习任务；③困惑建议部分，学生将学习过程中遇到的困惑提交至学习平台，教师据此可以把握学生课前的自主学习状况，并了解学生的问题之所在，以便利用网络或在课堂教学过程中进行有针对性的解答和指导。

2）混合式教学的课中阶段。教师在课中阶段，可以针对学生在任务完成过程中存在的共性问题，采用集中讲授或组织讨论的方式进行答疑解惑。网络平台无法完成的个别化指导，也可以在课中阶段通过面对面的方式来完成。在课中的典型任务探究阶段，学生可以根据不同的探究问题，采用自主探究或合作学习的方式来开展研究性的学习活动。

在指导学生进行自主探究的过程中，教师既要尊重学生个体的独立性，让其在自主探究的过程中建构自己的知识体系，又要保证在有限的时间内协助学生取得较大的学习效益。指导合作学习活动时，教师不仅要给予学生知识和技能上的支持与帮助，更重要的是要综合运用如头脑风暴、世界咖啡馆等活动组织形式，来调动学生参与的积极性和主动性。同时，指导教师要给予学生的合作学习活动以方法上的指引，并提供适当的决策支持服务，以保证合作学习活动的顺利开展。

自主探究或合作学习活动结束后，便进入课中的成果展示和交流阶段。在这个过程中，学生可以通过作品展览、限时演讲、辩论会等形式，展示研究性学习成果，分享学习心得和体会。在此过程中，教师不仅要对学生的学习成果予以点评和指导，引导学生反思在知识、技能上的收获，还要引导学生进行学习过程、学习态度、学习经验、学习方法等方面的反思和总结，并开展自我评价，建构自我意识。

3）混合式教学的课后阶段。课中的展示和交流完成后，学生根据教师和其他同学的建议，修改、完善、提炼自己的学习成果和反思总结并提交至学习平台，以进行更大范围的交流和传播。教师一方面可以将其作为过程性学习评价的重要组成部分；另一方面也可以将其转化为可重用、可再生的学习文化资源和教育改革资源，以促使教育系统进入一个螺旋式上升的“超循环”和自组织系统。

（2）教学设计的评价阶段。混合式教学设计的价值体现依赖于评价阶段，而评价主要包含形成性评价和总结性评价——形成性评价贯穿于混合式教学设计的各个阶段，通过调查问卷、访谈等方式收集数据，并在后期阶段中对教学设计方案予以不断完善；总结性评估则在教学实施完成后进行，主要就学生的学习成效、知识掌握、能力养成、价值观完善等进行全面的考察和评鉴，并据此修正教学设计的五个步骤，通过迭代式的循环，形成混合式教学设计的最佳实践。

### （二）混合式教学的 MOOC 教学设计

MOOC 混合式教学模式极大地压缩了本校教师的课堂讲授式课时，并通过信息化、网络化的软件平台和工具提高教学管理与教务数据处理统计的效率；将教师从循环往复的机械性教学流程中解脱出来，给予教师更多的时间与空间来组织更加深入、更加丰富的教学内容。在教学效率提高后，节省出来的时间用来干什么，应该是每一位参与 MOOC 混合式教学的教师都应该思考的问题。

推行 MOOC 混合式教学是在信息时代实施因材施教的重要途径，教师从机械重复的教学工作中解脱出来所节省的时间和精力，完全可以充分投入到因材施教的差异化教学工作之中，这在高等教育，特别是高校的通识教育课程中就显得更为重要。学生需要学习通识教育课程的低年级学生，正处于从基础教育阶段的应试教育思维向高等教育阶段的实践思维、批判性思维、创新性思维过渡的关键阶段，通识教育课程的选课学生往往来自不同的学院和专业，文理科专业背景也不同，知识结构和学习能力差异也很大，这就更需要教师根据学生的专业背景和知识结构对学生分门别类、有针对性地组织教学内容，布置相应的学习任务。在分类教学的基础上，还可以给予学生更多的人文关怀，根据学生的个体特点，进一步一对一地进行在线或面对面的教学辅导。

MOOC 混合式教学模式通过提高教学效率节省出的教学劳动时间，仅仅是为提高教学质量和精细度提供了一种可能性，具体是否能够真正起到实效，还要看学校和教师是否都有充分的认识并付诸行动，只有教师能够潜心教学，追求教学质量的提升，校方能够积极创造保障条件支持教师投入教学，多方相向而行，形成合力才能产生效果，否则很有可能沦为通过 MOOC 来应付教学工作的投机取巧之举，最终只会因偷工减料而造成教学质量下滑。

基于 MOOC 的混合式教学在高校中的实施是一个复杂的系统工程，因此需要教务管理部门、教学单位、信息技术部门等各方密切配合才能顺利开展。在此过程中，各方参与者既要分工，更要合作，但无论面临哪些具体工作，有一个原则必须自始至终全程遵循，那就是必须将固定的、机械的、重复的工作流程程序化，并通过计算机执行，而教学过程的所有参与者，也就是人，应该去做复杂的、创新的、迁移变化的工作。基于 MOOC 的混合式教学中，有两项必备的系统功能需要从技术平台构建时就予以解决，否则会严重影响到后期 MOOC 混合式教学的正常开展。

1. 混合式 MOOC 教学的设计

MOOC 混合式教学的核心策略就是在教师的引导下，让学生进行基于互联网的探究式学习，充分利用搜索引擎、文献数据库、学科专业数据库进行知识建构，利用网上的学科讨论社区和知识讨论社区进行深入的思考和研究，并注重培养辨识能力和批判性，能够分辨各种观点的合理性和局限性，能够从良莠不齐的网上信息中分辨主流和科学的观点，从而培养学生的独立思考能力和自主学习能力。

MOOC 混合式教学系统设计的目的是解决传统课堂教学模式，以及纯网络在线学习模式各自的弊端，使教学效果最优化，培养出符合新课改标准和素质教育要求的创新型人才，培养学生的自主学习能力和终身学习理念，使学生今后能够持续利用 MOOC 平台提供的学习资源进行终身学习。

MOOC 混合式教学打破并重构了传统校园课堂教学的时空结构，导致学习环境与传统教学相比更加多元、更加复杂，因此混合式教学的学习环境设计必须有全局性和系统性的考虑，在建设和完善校园教学环境的基础上，充分利用社会资源和互联网资源，将各种资源合理有效地整合，形成基于互联网的混合式学习环境，共同为达到教学目标服务。

打造支持新型教学模式的信息化生态环境，构建智慧教学环境已经成为高校信息化建设的主要目标，各高校应该推进智慧校园建设，不断完善无线校园网覆盖，建设智慧教室，开发 MOOC 课程，构建全方位的教育云，综合利用互联网、大数据、人工智能和虚拟现实技术探索未来教育教学新模式。

在智慧教室的设计中遵循“以人为本”的理念，高度关注用户的环境体验、活动体验、情感体验、思考体验和关联体验，以创新人才的培养为目标和核心，构建创新型智慧教学环境，为师生提供轻松舒适的学习环境和全媒体的信息获取渠道，打破教学沟通的壁垒，通过发挥教师的主导作用，实现学生的主体地位，促进以教师为中心的课堂教学模式向“以学生为中心，以教师为主导”的智慧型教学模式转变，从而实现学生在学习过程中的地位由被动向主动转变，学习过程由以记忆为主的知识掌握向以发现为主的知识建构转变，知识的习得由个人的、机械的记忆向为社会的、互动的、体验的过程转变。

高校在教学信息化建设过程中应注重秉承以教学为中心，深入教学内容，紧密结合教学过程，创新教学模式的理念，全力推动信息技术与教育教学深度融合。在基于 MOOC 的教学改革过程中将注重线上与线下相结合，通过“翻转课堂”改变教学方式，并改变学生的学习习惯和学习模式，使知识传递形式更多样化、可视化、立体化。高校在推动 MOOC 和“翻转课堂”等信息化教学模式的过程中，还要同步提高教师的信息化教学应用能力，构建校本教学资源库，促进传统课堂教学模式向线上与线下混合的“翻转课堂”教学模式转型，从而进一步提高学校的人才培养质量与水平。

（1）网络环境设计。MOOC 混合式教学所需的网络环境包括校园网络和外部互联网，并且特别强调无线网络和手机移动网络的接入，需要从多个方面进行整体的网络环境构建和优化。

学校应该积极构建层次分明的校园教学网络，校园网的意义和价值不应该是简单的校园内接入互联网的接口，重点不应该是提供通用的互联网接入服务，而是应该将主要的带宽和资源用于保证教学相关的需求，并且合理划分网络层次，能够根据教学需要随时限制或断开与教学无关的网络访问。

校园内的教学环境包括教室、实验室、图书馆，应该积极建设校园无线网络，确保学生能够在混合式教学中充分使用个人笔记本电脑和手机等 BYOD（自带设备）终端实现实时的信息检索，并通过移动教学 app 与教师和同学进行交互，校园无线网同样需要对非教学流量进行限制，通过限流保通的机制保证大量学生并发接入时都能够正常访问教学资源。除了学校自建的以教学应用为导向的校园网之外，在当今智能手机全面普及和移动网络资费不断下降的背景下，学校应该加强与手机通信运营商的合作，引入运营商为学生提供适合学生网络化学习的流量资费套餐，让学生能够随时随地访问教学资源。

（2）学习社区设计。学习社区包含课程的分组团队和互联网中的虚拟学习社群，教师对课程学习社区的营造和管理是 MOOC 混合式教学的核心教学形式之一。教师在通过即时通信软件建立基于 QQ 群、微信群聊的网上学习社区后，要注重经常保持在线与学生进行交流沟通，营造良好的网上学习氛围。

营造良好的网上学习氛围，具体的注意事项包括：

1）教师应该尽可能地保持在线，实时反馈学生的问题，因为 MOOC 混合式学习的特点是学生往往会在晚间和周末等没有课堂教学的时间进行 MOOC 的学习和思考，因此教师在这些非传统的工作时间段与学生的交流就显得非常重要。

2）教师保持在线并不是要延长教师的工作时间和增加教师的工作量，只需要教师保持一种与学生真诚沟通的心态即可，因为现代人对手机的使用黏度越来越高，很多人平时都加入各种好友、兴趣、社区、同事等群聊，并且对自己关心的群聊都能随时保持关注和参与，因此在混合式教学的学习群中，教师只要能够像对待自己的个人兴趣群一样对待课程的交流群即可。

3）教师在课程交流群中的主持、调动、引导作用远比传统意义上的答疑作用要重要。

实时反馈可以有效体现教师对学生的人文关怀，消除学生对教师的心理隔阂，能够有效培养学生的学习积极性和自主探究学习能力。因此，教师参与网上学习社区特别要避免采用定时答疑形式，以免给学生产生例行公事的印象，从而减弱学生参与学习社区交流的积极性。

4）在 MOOC 混合式教学中，教师可以观察并挑选学习积极性高、学习理解能力强的学生作为团队分组的组长，在网上学习社区中培养骨干学生，通过骨干学生在学习小组中传达教师的教学要求并协助教师进行答疑，通过生生交互进一步提高混合式教学的效率，并培养和锻炼学生的协作学习能力。

（3）混合式 MOOC 教学的社会实践环境。MOOC 混合式教学中除了实验实训以外，绝大多数内容都可以通过网络在线开展，因此，教师应该认真斟酌线下教学活动的设计和组织，如果设计不当，很有可能会把完全可以在线上完成的内容又搬回线下，最终演变为“为了线下教学而线下教学”或“为了混合而混合”，导致混合式教学沦为一种新的僵化的教学形式，从而失去混合式教学的价值和意义。

目前，学生普遍缺乏社会实践经验，在国家大力倡导学生创新创业能力培养的背景下，MOOC 混合式教学的线下教学走出校园，让学生在社会实践中深化对课程教学内容的理解，应该是各高校混合式教学设计的方向。

2. 混合式 MOOC 教学的评价

基于 MOOC 的混合式教学在教学理念和教学目标上都与传统课堂教学有所不同，因此需要特别注意按 MOOC 混合式教学的特点设计教学评价的要求和方式，否则经常会出现一种误区：在混合式教学的教学阶段充分运用了信息化、网络化的教学模式，体现了互联网背景下的教育思维和理念，但到了最后的教学评价阶段，学生的应试学习思维非但没有得到改善，反而进一步强化了网络背景下的应试学习，这对 MOOC 混合式教学可以说是一种非常致命的打击。因此，在 MOOC 混合式教学模式中，教学评价要特别注重形成性评价与终结性评价相结合，并且全程强调教学过程中的学习行为痕迹记录，以大数据采集和分析的视角重构传统的教学评价思维模式，使教学评价更加契合 MOOC 混合式教学的初衷和目标。具体的思路和原则包括：

第一，在 MOOC 混合式教学中，将形成性评价和终结性评价合理结合，加大形成性评价的比重，但也应该保留一定比例的终结性评价。终结性考试的比重除适当降低外，内容应注重考查学生对课程内容的基本概念认识是否清晰，是否存在认识误区，而不应该在终结性考试中涉及机械记忆或实操性较强的内容。

第二，混合式教学的形成性评价粒度应该更小，内容设计应该更加多元化，不宜将形成性评价等同于布置作业和阶段性测验，而是应该鼓励学生探究性学习，多元化地评价学生的参与度、探究过程、理解心得、实践操作、迁移应用等学习情况。

第三，MOOC 混合式教学中的教学评价应该具备大数据思维，注重保留学生学习行为痕迹，除了通过 MOOC 平台记录学生的视频观看进度和练习记录外，有条件的学校还可以根据课程内容特点设计开发移动教学 app，在混合式教学过程中实时记录学生学习过程中产生的各种数据，最终通过对学习痕迹数据的分析做出更加精准科学的教学评价。

第四，混合式教学的评价应该避免再次陷入传统应试教育简单的考分量化的评价思维中，评价体系应该注重学生的探究性学习能力、自主学习能力、学习积极性和参与度、协作学习能力、团队合作的组织协调能力和责任感等多个方面。

## 三、构建混合式教学保障制度

构建混合式教学规范完善的保障制度，已成为高校发展混合式教学的重要措施和关键环节。混合式教学的具体开展与后续发展，落实到操作层面就是要通过一系列规范的制度化要求，把与课程建设相关的各部门、各组织和各类人员有机协调统一起来。构建高校混合式教学的保障制度，需要在明晰混合式教学保障制度的构成体系与制度内容的基础上，结合当前混合式教学的发展现状和面临的突出问题，制定切实有效、规范完善的保障制，度来促进混合式教学的健康发展。

### （一）保障制度构成

第一，混合式教学的保障制度体系。高校混合式教学的运行发展需要一个完备的保障体系，这一体系由内部保障体系和外部保障体系共同构成。外部保障体系的实施者主要是各级政府部门、社会机构等。各级政府通过政策制定、规划实施、拨款投资、评估管理等方式引导高校混合式教学发展。相关社会机构通过提供平台搭建、融资、与高校合作等方式，参与混合式教学实施与人员培训，为其注入活力和资源。

高校作为内部保障体系的实施者和混合式教学建设的主体，主要负责对国家相关教育文件的解读、政策内容的实施运行，以及校内相关网络教育教学工作的具体规章制定和操作。高校的内部保障体系主体，通过对高校相关教学管理、组织系统、激励机制等方面的制度建构，来丰富和完善混合式教学的保障制度。

第二，混合式教学的保障制度内容。混合式教学的制度框架确定为三个阶段：意识/

探索阶段、采用/早期实施阶段和成熟的实现/增长阶段。

高校混合学习实施过程分为三个阶段：①策略阶段，解决混合学习整体规划和顶层设计的问题，包括混合学习的定义、宣传形式、实施范围、实施目标以及相关规划政策；②组织阶段，解决混合学习组织实施问题，建立技术、教学、管理的框架体系，包括管理、模式、排课和评价；③支持阶段，解决混合学习的实施保障问题，包括技术支持、教学支持、教师激励机制等。

根据高校混合式教学保障制度的体系构成，并借鉴国外学者对混合式教学制度框架的分析和构建，本研究所尝试建立的混合式教学保障制度由多重保障机制构成。具体而言，主要从教学管理制度、组织管理系统、技术保障制度和激励机制等方面来构建混合式教学的发展保障制度。希望通过各种保障制度的相互协调和促进，形成完善合理的保障制度体系，为混合式教学的发展奠定坚实的制度支撑。

### （二）保障制度的建立

混合式教学在发展实践中面临的一些实际问题，既需要教师对混合式教学本质内涵的把握，也需要学校管理部门在评价、管理、保障机制和网络环境系统上的完善和改进。网络教育在高校中的快速推进，对高等教育的发展、高校的办学行为产生了巨大的冲击和影响。学校作为办学的主体，应密切关注混合式教学的发展动向和趋势，从战略高度采取措施积极应对，为我国的网络教育事业保驾护航。

1. 完善组织管理系统

（1）重构混合式教学的顶层设计。目前，国内开展混合式教学较为成熟的高校，基本上成立了推进混合式教学发展的专门机构。如清华成立的在线教育办公室和混合式教学工作坊，专门负责统筹各部门开展工作，并定期举行混合式教学的研讨会。这些专门机构和部门对于提升学校混合式教学的教学质量、保障混合式教学的有序开展起到了至关重要的作用。

第一，校级管理部门负责统筹混合式教学发展的总体战略，承担全校混合式教学的质量监管和保障工作，负责本校相关改革政策的出台、相关管理文件的制定与监督实施，实现混合式教学的制度化管理，保质保量完成上级教育主管部门的工作任务。与此同时，加强同其他高校间的混合式教学交流合作，实现协同发展和联动发展。

第二，院系作为三级管理系统的中间环节，主要任务是贯彻上级部门的重要精神，落实计划安排，保证实施质量。根据本学院的具体情况，合理安排教学任务，积极引导教师参与课程建设，并对课程实施情况及时做出评价和反馈。此外，定期举办混合式教学工作研讨会或沙龙等活动，了解教学管理过程中出现的情况，听取教师学生们的意见和建议，不断改善部门的管理和保障职能。

第三，班级作为混合式教学实施的最终载体，直接反映了本校混合式教学的质量和效果。尤其是相关任课教师，要严格保证混合式教学的进度和效果，及时反馈并解决学生在学习过程中的问题。

（2）科学引领混合式教学的发展。目前，国内许多高校都普遍存在重科研、轻教学的问题，对教学方面的人力物力财力投入，远远不及对科研的投入。很多高校也不具备大规模开展混合式教学的能力，这些都导致学校的教学水平和质量很难得到有效提升。因此，高校推广混合式教学，首要的一点就是转变观念，真正落实本科教学的中心地位，提高对混合式教学的重视程度。科学引导混合式教学，合理指导混合式教学的改革，是高校混合式教学良性发展的前提保证。

2. 科学规范教学管理制度

（1）教师培训制度创新。高校教师在开展混合式教学前，都需要了解混合式教学，无论是混合式教学所适用的课程，混合式教学自身优点的有效发挥，还是混合式教学的课程评价和实施，都需要进行有效的教师培训。同时，在线平台是不断发展的，其更新换代速度非常快，面对在线技术的日益更新，更需要将教师培训制度化，以有效推动混合式教学的不断发展。

第一，建立高校内外相结合的培训方式。教师在混合式教学中扮演着重要的角色，为其提供高质量、高效率的培训，对于混合式教学的整体开展和教学目标的达成有着重要影响。积极建设校内与校外相结合的培训方式，在校内对教师进行基本的岗前培训，如混合式教学的基本课程安排、设计、网络平台使用等，使教师对混合式教学有基本而全面的掌握，达到校内培训后可以进行基本课程教授的目标。外派学习的教师回到本校后，可以开展多种形式的成果交流与信息互换互动活动，如通过交流研讨会、讲座等方式提高本校教师的整体素养，实现校外培训反哺校内培训。

第二，建立培训与服务相衔接的综合保障系统。教师的教学活动，从备课、上课到作业安排与课后反思，都是环环相扣、相辅相成的系统化过程。混合式教学的教师培训也应是一个完整衔接的链条，不能仅停留在形式上的岗前培训，而忽视教师在具体工作中遇到的问题。

建立培训与服务相衔接的综合保障系统，它可以为教师提供专业的辅助和建议，帮助教师顺利开展教学工作。其形式可以有多种多样，如在教师培训中心设立专门的服务咨询部门，定期开展培训反馈调查，集中组织教师研讨会、沙龙等形式多样的服务项目，全程跟踪培训实施进度，保障教师培训效果，解决教师的培训后续问题。在这方面，厦门教师发展中心构建的“教学在线咨询系统”便显示出了很强的应用价值。该系统可以根据教师的个性化需求，为教师提供教学咨询、诊断与指导等帮助，及时解决教学难题。

（2）技术保障基础强化。技术在教育领域的主要价值，体现在信息技术通常用于辅助教学和促进教育的革新。信息技术能够改善传统教学中优质教育资源不均衡的地域性及校际间差异，为教学水平的提升、教学方式的多样化发展和教育公平的实现提供有力支撑。

混合式教学作为信息技术发展到一定阶段的产物，自然离不开技术层面的支持与保障。以国内混合式教学发展趋势来看，教学模式、教学设计、教学活动等方面主要是受到教育技术新思想、新理论、新技术的指导和支持，很大一部分都是以教育技术工作者和教师为主导开展的教学改革与实践研究，因此教育技术支持在混合式教学中起着非常重要的作用。

混合式教学的发展和有效运行，以信息技术的进步为基础，因为混合式教学是将传统教学与在线教育进行融合的复杂教学模式，因此需要依靠技术展开教学、组织讨论交流，完成教学评价等任务。具体而言，相关技术保障包括信息设施设备的建设、在线平台的建立与维护，以及专业开发人员和技术团队的辅助。

1）加强高校信息技术设施设备。

第一，增加物力投入，完善硬件设施建设，配备现代化的教学设施，提高多媒体教室、电子阅览室的效能。混合式教学作为依托网络教育平台的新型教学模式，相比传统的面授课堂，需要更多的教学设备和环境支持等一系列要素保障，因而在教学成本上会有所增加。这就需要学校相关部门在制定财务预算及拨款安排方面有所倾斜，为混合式教学课程的开展提供充足的物力、财力保障。目前对于很多高校而言，网络设施建设相对滞后，还无法实现全校范围的无线网覆盖。因此，高校应积极建设校园无线网，让学生可以随时随地享受网络的便捷优势，为学生线上学习提供网络支持。

第二，加强在线平台建设和使用。网络教学平台是高校利用混合教学模式开展教学的重要载体，它为混合式教学的实施提供了重要媒介。网络教学平台的运行状况与混合式教学的顺利实施密切相关，一个成熟稳定的网络教学平台是网络教学的先决条件。

第三，网络平台的建设是包括教育教学、监督控制、评价管理等于一体的复杂系统。除了上述相关的基本运行机制之外，还需要进行网络教学平台系统建设、网络技术环境以及日常维护、教学教务管理平台建设、信号传输控制等支持服务系统的构建。

2）组建和优化专业技术团队。作为开展混合式教学最重要的在线教育平台，其安全、稳定关系到整个混合式教学的顺利开展。发展混合式教学，不单单是任课教师的任务。作为一项复杂而系统的教学模式，混合式教学的开展需要来自学院、教务处、培训中心等多方机构和管理人员、技术人员的相互配合与支持。

混合式教学既需要教师、助教对课程内容、进度的设置和审核，也需要专业的技术团队来做后期的制作和维护，以确保网络平台的顺利运行。因为教师的主要任务在于课程的教授和线上线下的答疑解惑及学习探讨，虽然教师可以完成相对简单的上传课程或编制课程安排等任务，但对于较为专业和复杂的课程网络设计运行，网络后台检测、平台管理与运营等任务，既缺乏专业知识，也缺少足够时间来摸索和操作。一旦相关网络平台出现故障，如果没有专业的维护技术团队，势必造成课程的停顿，扰乱正常的教学秩序。因此，高校有必要聘请和组建专业的技术团队，确保混合式教学的顺利展开。

（3）动态激励机制的构建。明确相应的激励和淘汰机制，保证混合式课程教学价值的实现，对混合式教学的发展具有积极的实践意义。教师作为混合式教学过程中的积极引导者，对混合式教学的顺利开展起到不可替代的作用。

于教师而言，认可并主动实施一种新的教学模式的主要动力来源于学校对教师的激励与保障措施。通过对教师的教学理念和行为进行积极引导和干预，是混合式教学得以有效开展的重要途径。然而当前很多高校在职称评定、绩效考核等方面，主要还是看教师的科研成果，对于最基本的教学并未予以重视，更不要说需要教师花费更多时间、投入更大精力的混合式教学了。

对于混合式教学而言，学校缺少相关的宣传工作，教师因此缺乏对混合式教学的科学认知；学校缺少对教师的积极鼓励与引导，导致很多教师宁愿选择更为熟悉的面授课程、采用更为省时省力的课件教学，也不愿意花费更多的时间和精力投入混合式教学，通过教学模式的改变来提高教学质量。因此，高校应从多方面为教师提供便利和优惠，鼓励教师进行混合式教学改革与探索。

构建有效而适切的混合式教学评价制度，是提高教学有效性、保障教学质量、推动教学改革、促进教师专业成长的重要手段。

第一，改良教学评价体系。目前高校普遍的教学评价体系是集学生评价、教师自评和同行评价为一体的多主体教学评价体系。学生评价可以较为完整地反映学校学科的开展和教师的教学状况；教师也可以通过学生的评价反馈及时查漏补缺，提高教学技能。通过学校教学管理系统进行的学生评价可以直观、便捷地反映学生当前对某一学科和教师的评价和看法，因而学生评价成为各高校最广泛的教学评价方式。

教师自评主要涉及教师对教学内容及实施效果的评估，是教师对自己教学的深入反思和回应。因此，客观、细致的自评对教师自身教学能力的提升有着积极的作用。同行评价是本学科教师对同专业教师进行的评价活动。规范、合理的同行评价可以提高教师队伍的整体素质和能力，增强教师间的沟通与协作。但是在现实的教学评价实施过程中，三种评价方式都存在一定的不足。尤其是多数学校教务系统的学生评价都为硬性规定，譬如不先提交教学评价就不能查询成绩等非人性化规定。这虽然可以保证收集评价信息的完整性，但往往忽视了学生自愿评价的意图，导致学生提交的评价可能并非真实想法。

教师自评通常又和教师的职称评定等挂钩，这就很难在自评中发现真实问题，评价结果大多都是良好，并不具备客观性。至于同行评价，往往又会涉及人情面子问题，其评价结果大多也是流于形式。改良教学评价体系的关键就是设立客观公正的评价机构，最好由德高望重、教学经验丰富的老教师、教授组成。通过他们的随机听课、随机走访学生和教师，可以较为客观、全面地了解教师的教学水平和教学效果。将老教师、教授的评价纳入教师评价体系，并占据一定比重，可以在一定程度上弥补传统教学评价的漏洞和不足。

第二，确立“学习成果导向”的教学评价标准。教学评价标准的确定直接关系到教学评价的有效性和适用性。混合式教学强调学生的主体地位，它所带来的师生关系的变革势必导致教学评价视角的转变，即从教师的教学评价转变为学生的学习评价。目前，学习成果导向的教学理念已经成为欧美发达国家的主流教学理念。以高校内部质量保障为主的多主体质量保障形式，都关注学生能力的提高和个人发展的产出性评估。作为教育教学活动的主体，学生的声音应在评价中有所体现。

教学活动是教与学的有机统一，单纯的教与单纯的学都不能成为一个统一的教学整体。教与学是相辅相成的，教师的教学效果在很大程度上通过学生的学习成果展现，学生的学习效果也从侧面反映了教师教学过程中的问题。因此，在导向上，教学评价不应仅仅侧重于教，更应增加对于学生学习的支持功能，增加对学生学习有效程度的考量。

以学习成果为导向的教学评价也更加注重对学生个人情感、价值观念等非智力因素的关注和考察。因此，建立以学习成果为导向的评价标准，是对混合式教学模式中教学评价的有益补充。它既促成了教师教学观念的转变，也在一定程度上提高了学生的学习主动性和积极性。而其中对于学生非智力因素等方面的考察，也可以激发学生参与教学评价的热情和信心。

# 第五章 深度学习场域下的混合式教学模式构建

## 第一节 基于深度学习的有效教学生态重构探析

有效教学在价值追求上存在以“有效”代替价值、以“有用”代替“有效”、重视工具理性而忽略价值理性等问题。虽然有效教学对课堂改革的意义毋庸置疑，但是在新时代背景下，如何凸显立德树人之根本任务，确立真正的生本立场，挖掘知识学习的意蕴价值，这些需要教师对当下的有效教学进行深层的价值追问与生态追寻。

从学习场域的应然状态、学习起点的实然状态，学习内容的纵向循回本源、横向构建结构，学习方式的理性、感性观照，学习成果的迁移运用与内在调控等，在多个维度立体式构建了有效教学的生态环境，引发学生在学习的同时获得人格的健全和精神的成长，培育核心素养。

### 一、基于深度学习的有效教学生态重构

深度学习与机械地、被动地接受知识不同，更加强调和关注学生积极主动地学习，这也是影响学习质量和学力发展的重要因素。情境是深度学习的基点，“场域”与“起点”构造了深度学习适切的外在与内在情境。

#### （一）基于深度学习的有效教学应然状态的生态重构

深度学习的场域，应该创造“学习在场”，构造出复合情境，便于学生抽象出概念特征，形成弹性知识表征。当然，“在场”的学习不但是回归生活场景，还要让生活场景成为学习的检验，构建“润泽教室”，让平等、民主、和谐的气息充盈课堂，使学生充分感受到心理的安全与精神的舒展，使师生间彼此生存的方式互相敞开，保障思路“异向交往”。

深度学习倡导不以获得答案或者提供答案为主要目的，具有复杂性和未完成性的苏格拉底式对话，课堂中师本、生本、师生、生生多边对话交往，营造“半肯”的教学文化，尊重学生按照自己的思路去理解课堂，让反对、质疑、补充等表达自我的观点彰显思维的张力，引领教学中的交往走向生动和深刻。

### （二）基于深度学习的有效教学实然状态的生态重构

建构主义是有效教学的理论支撑。而建构主义学习理论的主要观点为：知识不能被传递，是靠学生自己来建构，建构属于自己的知识体系，其中建构过程中要依靠学生已有的经验作为基础。

起点的改造主要是指向当下教学实践中片面遵循学习的知识逻辑起点，而忽视学生的经验现实起点之窠臼，使教学基于学习起点的实然状态，实现学生已有知识经验和生活经验的深度融合。在课堂教学中，需要跨越知识板块、学段和学科界限，聚焦课时内容在更大体系中的具体方位，厘清个体知识内容的前延后伸；充分观照学生所在地的区域生活环境、学校教学资源、学生实际知识背景、学习生活经历等条件。通过课堂前测、课前访谈、调查研究等有效路径，精准把握学生的真实起点，实现学习的有机衔接与自然生长。

## 二、基于深度学习的有效教学的学习内容生态内化

深度学习是对学生学习有效路径的现实探寻，其并不追求学习内容的深度和难度，是相对于知识的内在构成要素而言，不停留在知识符号表层，构建丰富的学习层次，实现知识学习的丰厚内涵。

### （一）学习内容的纵向上循回知识本源

课堂要使学生经历再探索、再发现和再创造，感悟知识的科学性与合理性，体悟学习的意蕴和温度。凸显“种子内容”的价值意义是深度学习的应有追寻。实践中对学习内容进行适当重组，引领学生探寻一类知识间的本质联系和内在精髓，使学习材料具有“弹性化”和“框架式”的特征，使学习拥有更多发展的可能，让学生在此过程中可以获得更充分的发展。

### （二）学习内容的横向上构建认知结构

无论是接受学习还是发现学习，学生都需要将知识加以内化，把它规划于自己的认知

结构之中。深度学习摒弃僵化教条、彼此分割的知识条块和记忆库，力求呈现动态统一、有机关联、具有全息性特征的文化形象，不断实现学生认知的动态再平衡，生态化构建图式。教学中，要善于发现不同知识之间的紧密联系，找寻逻辑上的意义关联，在“新”知识的同化及形成后，抽取出“新”“旧”知识之间的内在联系，提炼出不同知识间共同的精神内核，使“新”知识融合到已有的知识系统中去，实现学生高水平的认知再平衡，构建动态的、全新的、更上位的知识体系。可利用概念图、流程图等图表，直观形象地、清晰地表征知识之间的内在关联，更好地促进不同知识表征系统间的互相转换，构建新的知识序列，完成认知结构从单一到立体的嬗变，在此过程中不断发展学生元认知，丰富认知策略。

## 三、基于深度学习的有效教学的学习方式生态优化

儿童特点和学科特征是教学大道的左右边线。课堂应将知识的学术形态转化为教育形态，引领儿童用适切的方式在学习的大道上探寻学科奥秘。深度学习需要超越知识符号表层，抵达逻辑和意义的统一，适切运用认真听讲、积极思考、动手实践、自主探索、合作交流等学习方式，使学生获得关键能力，促进学力提升。

### （一）学习方式的理性化

世界各国的教育都在宁静地改革，将课堂的组织形式从学生坐着学习走向活动性学习，从习得、记忆、巩固的学习转向探究、反思、表达的学习。深度学习不但要鼓励学生发问，更要考量应采取何种适切的方式引导学生自主完成自疑自答。其实，课堂本身就是活动，但是这样的活动绝不是学生的机械记忆，目标也绝不是“记住就行”。

知识不仅是静态的，也是动态的，动态是知识的本质，彰显着人类探寻世界的过程，凸显思维和方法。师生“如何活动”，尤其是学生“如何活动”，恰是需要基于多方面因素的理性思考，力求避免错误的实施。

倡导自主学习、合作学习和探索学习等课堂活动，科学匹配学习内容所对应的学习方式，摒弃琐碎性讨论、程序式合作、肤浅化探究。通过组建学习共同体、成立项目组等形式，使学生的身体、头脑、心灵全面地浸润于学习过程，模拟地、简约地经历知识的发现、形成、发展过程，真正成为学习活动的主体。通过学习活动，将符号化的“知识”打开，将静态的知识激活，感悟到知识本身蕴含的丰富复杂的内涵与意义。

### （二）学习方式的感性化

体验更加关注的是学生的个体化感受，体验式学习是要根据学科特点，以组织学生“出乎其外”的实践性学习为基本载体，以追求“出乎其内”的深刻体验为教学目标，采用多样的形式充分激发学生的学习积极性，实现学生有意义、个性化、创造性学习，让学习体验成为畅通知识转化为能力的链条。

体验是一种学习，儿童的真正成长与发展来源于学习体验，而深度体验就是深度学习。以情景剧的方式进行语言类学习，以做中学的方式进行项目式探究。

体验是一种感悟，在丰富的课堂活动中，促进学生知识的形成和能力的提升，同时获得精神的富足，体验学习的乐趣、体验生活、体验自主。需要指出的是，诚如黑格尔所言，“错误本身是达到真理的一个必然的环节”，教师要警惕学生对成功的片面体验，却忽视对失败的体验，从而丧失科学精神的观照培养。

体验是一种共存，深度的体验，学生不仅是端坐于座位，更是要走上讲台；概念不仅是直接告知，更是自主命名；板书不仅是教师呈现，更是学生参与，使学生在学习体验中获得更多的意义感和自我感。

## 四、基于深度学习的有效教学的学习成果生态深化

### （一）学习成果的显性运用

迁移是个体将学习的知识从一种情境应用到另一种新的情境的过程。学校教育的最终目标是要帮助学生把从学校所学到的知识迁移到家庭、社区和工作场所等日常场景。

所有的“新学习”都是迁移，迁移能力是一种内在品质，在经历“新学习”的过程中获得迁移能力的提升是其重要意义，尤其表征在“后学习”的过程中对程序性知识和策略性知识的显性运用。深度的学习是有意义的，使符号所代表的新知识与学生认知结构中已有的适当概念建立非人为的和实质性的联系。它要求学生在深入理解学习情境的基础上，准确判断和把握关键要素，在相似情境中能够做到举一反三；运用比较等方法，对情境差异做出精准分析判断，并将原理思路迁移运用到新情境，迁移到复合情境；要克服负迁移干扰，从知识的标准正例走向非标准正例以及变式反例等，实现在更高抽象层面上表征问题；应适度拓展，从知识、智能、思维和情感等多维度进行拓展与提升，滋长智慧，提高迁移能力。

### （二）学习成果的隐性调控

思维的发展主要是指较低层次上升到更高层次；只要儿童没能对自己的活动进行反思，他就达不到高一级的层次。内省是思维活动的核心和动力，引领学生对学程的内容、方式、策略等进行反思批判，监控自我学习，发展元认知，提升思维品质。深度学习需要赋予内省的时间。深度学习需要拓展内省的内容。可以让学生在尝试错误、多题同解、一题多解、一题多变中反思，在思维的关键点、矛盾点、转折点、延展点反思，不断深化理解。深度学习需要丰富内省的形式。学生可以用学习日记的方式记录自己的反思收获，记载学习的探索历程，表达探究过程中的猜想、验证、疑惑、顿悟，在营造的“半肯”文化氛围中，对学习共同体中同伴和教师的观点进行咀嚼反思。

当今的世界并不缺少知识，缺少的是由已知繁衍未知的能力。深度学习是对学习本质的深入反思，是有效教学的价值回归，在挖掘知识意蕴的同时使学生获得智慧生长和精神成长，最终实现学生在广度上多元发展、在深度上充分发展、在整体上和谐发展，臻于生态发展的理想境界。

## 第二节　基于深度学习的翻转课堂混合式教学设计与实施

随着各大高校翻转课堂教学实践的深入开展，其研究与应用也存在一些局限性例，这些因素导致学生的学习始终停留在浅层学习的低阶思维层次，缺乏知识主动探究、迁移应用与创新能力，不能很好地解决新应用场景中的实际问题，从而无法达到深度学习的目标。学习分为浅层学习和深度学习两个层次。浅层学习强调知识记忆与初步理解，是种较低水平的学习；深度学习通过引导学生将学习方式变被动接受为主动探索，更加注重学生知识迁移、实际问题解决与创新能力的培养，属于高水平学习的范畴，是一种高阶思维的理解与认知。

### 一、基于深度学习的翻转课堂混合式教学模式

课程设计从宏观层面把握课程总体概况，包括课程教学对象分析、课程教学目标制定、课程教学内容标准制定、课程教学策略设计、课程教学活动设计、课程教学实施总体方案制订、课程考核评价方案设计。课堂教学设计包含以下阶段：

（1）课前教学准备。课前准备阶段由教师完成，主要包括教学目标制定、教学过程设计、教学策略选择、学习视频和教学课件制作，以及针对性学习测试设计。

（2）知识建构。知识初级建构阶段由学生自主完成，包括观看视频、激活旧知、参与测验和小组讨论。学生在该阶段的主要任务是了解、理解、领会新知识。

（3）知识应用与创新阶段。该阶段是在对建构阶段获取的新知识进行深度精细加工的过程，由师生共同完成。主要包括新问题情景设计、知识迁移应用和知识创新三部分。在深度学习视域下的翻转课堂混合式教学方式，能使学生在课上课下都积极参与学习、互动，因此形成性评价应作为考核评价的一个非常重要的指标。总结反思评价阶段包括课前自主学习效果评价、课堂学习效果评价，评价形式可以是教师评价、小组内评价、小组间互评等。

## 二、基于深度学习的翻转课堂混合式教学实施

### （一）基于深度学习的翻转课堂混合式教学课程设计

（1）课程教学内容制定。课程以信息表示和信息处理、计算思维与计算机问题求解为两条主线。结合学生专业特点，教学内容增加贴近学生生活、岗位任职，增加课堂的趣味性与实用性。将课程知识点融入典型案例中，展开案例教学和任务驱动式教学，有利于培养学生利用计算思维进行问题求解的能力。

（2）课程教学资源设计。利用慕课和课题组自主制作的在线微课开展课程自学。微课资源由教师和部分学生制作完成，将各级各类大赛的优秀作品及时更新到平台上作为学习资源。课程组开发了信息化导学平台，主要用于开展办公软件、多媒体软件和网络应用软件的操作技能训练，以及学生课后自主学习、课程单元测试和日常练习，实现对学生的形成性评价。

（3）课程教学策略设计。遵循“学为主体、教为主导”的教学理念，充分利用教学资源，部分章节应用翻转课堂混合式教学模式，课前微课 MOOC 导学+课上实践相结合，任务驱动+案例教学法；教学过程遵循 BOPPPS 模型，采用小组研讨+课堂点评精讲穿插进行；小结部分引入思维导图。通过课堂教学、上机实操、混合式教学和课外技能训练等手段，形成教师引导与学生自主学习并重的教学方式。

（4）课程考核评价方案设计。考核评价，由 40%形成性评价和 60%总结性评价两部分组成，形成性评价包括自主学习成绩和课堂成绩，总结性评价是指期末考试。学期末组

织评教评学活动，师生互评。

### （二）基于深度学习的翻转课堂混合式教学课堂实施

（1）课堂教学内容。所有内容的展开始终围绕系统进行，在学习内容的同时丰富完善系统功能，在完善功能的同时强化知识点的理解。

（2）课堂教学目标。解释相关概念；归纳知识结构设计要点；可以应用知识结构和计算思维的方法设计算法解决专业领域中的复杂问题。

（3）教学过程设计。通过分组讨论、小组竞赛，组织参与式教学，实现了利用循环进行信息处理的目标。

（4）总结反思评价。学生的自主学习结果以小组的形式提交，教师课前完成评价，评价结果作为教学内容和教学策略的调整依据。课堂评价包括概念检验、初级应用、拓展提高三个任务实施结果的评价，其中概念检验阶段借助雨课堂等工具完成结果的收集与统计，初级应用和拓展提高阶段采用教师评价、小组自评和组间互评相结合。

所有的评价结果最终融入形成性评价指标体系中。学生在信息化导学平台上完成问卷调查，合理评价教学活动。同时，对学习过程进行总结和反思，并将问题反馈给教师，以便教师及时辅导答疑。教师总结学生的反馈信息，还要从教学内容、教学活动等多个层面进行反思，找出存在问题的原因并加以改进，双方反思总结的过程，不断完善教学设计的目标，学生的学习状态和教师的素质也达到根本意义上的提升。

## 第三节　基于慕课与翻转课堂融合的深度学习场域构建

慕课与翻转课堂的有机融合是指，将慕课资源进行本土化加工后融入翻转课堂教学全过程，为翻转课堂提供高效网络学习平台、学习工具与优质学习资源，提高资源开发质量，降低资源开发成本。建构一个由情境、交互、体验、反思融为一体的深度学习场域，搭建与浅层学习场域不同的“域内”情境，打造“场内”优势，并依赖场域的特有形式和力量，对置身于场域中的学生主体产生影响，引导学生“入场”，吸引学生“在场”，减少学生“离场”，促进深度学习的发生。

### 一、设置多样性课程内容

MOOC 课程内容及呈现方式具有多样性和集成性，可以增强对学生视觉、听觉等感觉器官的刺激，多通道激发已有的知识和经验，促进学生对新旧知识的联系、融合及对学习资源、过程、成果的反思。依托 MOOC 中心平台或自建云计算网络平台，运用人工智能、物联网、三维动画、模拟仿真等技术，将游戏因素引入到学习环境中，构建一个集声音、画面、场景、人物（角色）等要素于一体的三维逼真的体验式虚拟学习空间。教师课前可在该空间进行体验式教学设计，学生课前可以进入该虚拟空间进行实时互动、感知和操作，将新知识学习镶嵌在虚拟现实的社会与物理境脉中，获得一种身临其境的感受。

MOOC 平台为学生提供了虚拟环境与可视化工具，供学生在课前直接进行虚拟实验。MOOC 多媒体视频是与现实生活相吻合的真实场景，并且这些场景具有整体性，能保持现实生活中各种事物之间的联系，为学生应用所学知识解决高度不确定性问题和探索复杂现实世界提供资源。课件中的案例和活动具有真实性，而问题和事物之间的联系又具有一定的模糊性，提供的材料既可以与问题相关，也可以非相关，有助于学生积极地预测、假设、尝试，便于发现和解决问题，进而进行知识建构与发展高阶思维能力。

## 二、利用 MOOC 平台进行平台记录与监督

MOOC 平台对学生的学习过程进行记录和监督，存储到反思存储数据库中，为学生对学习过程的反思提供条件。MOOC 课程的测试主要有视频内嵌测试、在线测试、作业、期中期末考试等，一般采用机器自动评分并即时反馈结果的方式，便于学生及时了解自己对知识点的掌握程度；平台系统能自动记录学生学习活动的全过程及结果，如尝试次数、测试时间、成绩、正确与错误等，甚至能自动提示课程不通过的条件，学生可以随时查看，有利于增强学习的紧迫感，且教师可以快速统计学生学习的总体情况。

学生利用学习笔记、电子档案等多种方式及时记录视频学习与在线训练中的疑惑，根据学习需要查阅相关资料，或通过 MOOC 平台站内论坛或其他交流工具进行交流与反思。

# 第六章 深度学习场域下的混合式教学效果评价

## 第一节 混合式教学效果评价的理论透视

### 一、七要素教学论

七要素包括：学生、目的、课程、方法、环境、反馈、教师。七要素教学论认为教学的最终任务是达成教学目的，教学目的达成要从学生身上体现；为达成目的，必须通过课程和方法作为中介；是否达成或达到什么程度，需要从学生的反馈信息来判断；在整个教学过程中，环境都会对师生产生影响，同样师生也可以反作用于环境；所有一切教学活动，教师起着主导作用。

“七要素”教学论对本研究有重要指导意义：①帮助本研究用教学系统论指导建立混合式教学有效性评价指标的维度；②教师要重视教学目的（目标）的设计，评价要突出对教学目的（目标）达成程度的测评；③评价要同时注重师生在课堂实体教学环境和网络虚拟教学环境中的行为；④混合式教学要回归教学本质，其有效性因素都要对应于“七要素”。

### 二、有效教学理论

有效教学理论的核心思想包括：教育目标分类学、教学测评理论、掌握学习理论。有效教学理论对本研究的作用主要体现在三个方面：①用于指导和支撑教师开展混合式教学课程设计；②重视教学目标的设计和测评，提出教学目标要有可测量性；③混合式教学过程中，要注重教学材料的丰富性、教师指导和反馈的及时性与恰当性。

### 三、协作学习理论

协作学习是一种课堂教学技术，学生依靠小组的成绩获取奖励和认可。协作学习需要以小组或团队的形式，有共同的目标和激励机制。

协作学习是小组内学生分工合作，小组之间相互促进和竞争，目的是形成自主学习、自由探索、相互协作的学习氛围。

协作学习理论对本研究的指导意义，表现在四个方面：①学生的团队协作能力、人际交往能力和表达展示自我的能力等应该成为混合式教学有效性体现；②小组学习是混合式教学中重要的学习活动组织形式；③小组协作要依托问题、案例、项目等进行；④网络学习空间是学生开展协作学习活动的必备环境之一。

### 四、交往-发展性教学评价理论

交往-发展性教学评价理论是在传统以行为目标为导向的教学评价的基础上，形成的一种评价思想、制度和模式，其核心思想认为评价是评价者与被评价者之间心理建构的过程。该理论既广泛借鉴了管理学中的系统工程管理、绩效管理、量化管理等理论与方法，使评价逐步科学化，同时又强调以人文精神为导向，注重评价主体和客体之间对话和沟通，提倡“价值多元化”。

交往-发展性教学评价理论对本研究的作用包括五个方面：①构建混合式教学有效性评价指标时，需要与被评价的教师保持动态交往，相互沟通，充分交流，彼此理解，改善评价者和被评价者关系；②构建评价指标和标准需要借用多元智力，评价标准是多元的，评价方式也是多元的；③评价的价值导向和评价标准要有利于师生的自我教育和终身教育；④评价要有利于反映混合式教学的整体状况和个性特色；⑤评价标准和方式要注重绩效和量化，评价结果能为教学管理与教育决策提供直接依据。

## 第二节 混合式教学效果评价过程与结果分析

### 一、混合式教学效果评价过程

（1）评价对象。以学校立项建设，并且以混合式教学改革课程为评价对象。课程覆盖工学、理学、文学、教育学、法学、管理学、艺术学、哲学等学科，覆盖通识必修、通识选修、专业基础、专业必修、专业限选和实践环节多种课程类型。

（2）课堂与在线教学环境。其中既有理论课程，也有理论和实验结合的课程，还有以动手操作为主的实验课程。无论理论课、实验课，还是设计课，都离不开用于教师集中指导和学生学习的场所。因此，“课堂”是指教师组织集体教学时所在的物理意义上的教室，不仅包含普通教室课堂，还包含实验室课堂和课程设计课堂。

在线教学环境采用的是“清华教育在线”网络教学综合平台。该网络教学综合平台集成了课程基本信息发布、资源管理、学生管理、作业管理、试题试卷库管理、在线测验、在线讨论、教学笔记、微课教学、师生行为统计分析、研究性教学、课程观摩、协同备课、专家评价，以及基于 app 客户端的“移动学习”等功能。

（3）评价实施过程。

1）评价标准解读。为了方便专家和教师加深对混合式教学有效性专家评价指标内涵的理解，统一评价的尺度，提高评价的准确度，委托多位有丰富混合式教学经验的一线教师，分别撰写了对指标体系的标准解读。在汇总、分析教师意见的基础上，确定各项评价指标的标准解读以及评价的方法。

2）编制课堂教学观察量表。记录表内除了课程基本信息之外，还包含时间、知识点、教师行为、学生行为和评价反思五部分主体内容。

3）组织混合式教学。内容包括：

第一，授课准备。教师根据课程授课进度（可以是非试点立项课程），自主选择一节课程内容进行听课申报，并提供上课时间及地点。

第二，听课教师。听课教师由三部分人员构成：专家、授课教师和特邀教师。

第三，听课形式。专家参加所有课程的听、评课，至少保证每次课有一位专家听课；授课教师和特邀教师利用开发的网络选课系统，自由选择听课课程，每人至少选择两门课程。每门课程至少保证有两位听课教师，自由选课不足两人的，由研究者安排特邀教师参加听课。

第四，评价构成。评价由三部分组成：专家评价、教师评价（含教师互评和特邀教师评价）、学生评价。其中，专家评价和教师评价采用混合式教学有效性专家评价指标体系；学生评价采用混合式教学学生评价指标体系。

第五，课堂记录。授课教师和听课教师事先熟悉“评价指标体系”与“评价标准解读”。听课专家和教师根据授课教师上课情况，在“课堂观察记录表”做好课堂记录，不做当堂评价，需要课后查阅“网络教学平台内课程信息化建设应用”。综合“线上线下”混合教学情况后，填写“评价表”。

第六，网络观课。听课专家和教师，以学生身份登录“精彩一课”的课程网络空间，以学生的视角查看该课程的在线建设应用情况，包括教师提供的课程信息、教学资源、学习活动和师生互动等。

第七，回收资料。活动结束后，收集所有专家和听课教师的“评价表”和“课堂观察记录表”。

4）组织学生评价。将混合式教学有效性学生评价指标转换成调查问卷的形式；请授课教师将问卷发布到网络教学平台的“问卷调查”，并组织学生在规定时间内完成调查；从网络教学平台系统管理端下载学生问卷结果。

### 二、混合式教学效果评价结果分析

（1）评价数据整理。汇总处理数据之后，每位参加活动的教师有专家评价、教师评价和学生评价二项指标。根据授课教师姓名区分专家评价与教师评价，将专家评价与教师评价分开保存、分组处理。

（2）学生评价数据处理。从网络教学平台中对应授课教师的课程中下载学生调查问卷详细数据；将每位教师的调查问卷数据合并，删除错误数据，增加授课教师信息，包括姓名、教务工号和课程代码。

## 第三节　过程性评价机制在深度学习效果评价中的应用

过程性评价是一系列正式与非正式的评价过程，是教师、学生提高学习效果中不断调整其教学与学习活动的过程。

（1）评价“前置性学习”，促进学生学习习惯的养成。前置性学习是以学生为中心的教学理念，倡导先学后教，通过激发学生的主观能动性，培养学生良好的学习习惯，这与深度学习中“培育主动进取的学习品质”不谋而合。通过对学生前置性学习的评价，能更好地促进学生学习习惯的养成，主要形式有：课前调查作业、课前复习表演、课前资料收集等。

（2）评价学生的小组合作表演，培育学习共同体。学生在深度学习中发展的能力具体划分为三个领域：认知领域、人际领域和自我领域。在深度学习的六大策略中，合作属于人际领域的范畴。

学生意识到课前查找资料、得到信息的重要性，这也是学科核心的体现。学生小组合作、信息流分享、合作表演、全班投票等方式，以达到完整学习的目的。这是一个学习与评价的过程，也是过程性评价在课堂中的常态体现。学生在此过程中，学会了与人交流、倾听和分享。

（3）评价学生的课堂表现，激发学生的学习兴趣。学生平时的课堂表现是过程性评价的重要依据，是培养深度学习的三大领域中的自我领域能力，其表现在学生是否学会学习和是否具备学术心志的学习。学会学习是指学生学习目标、学习内容，运用学习策略主动学习。学术心志是指学生对学习充满浓厚的兴趣，在一个学习共同体中产生强烈的归属感，将学习视为一个社会性的过程，与同伴互助完成学习内容，最终达成学习目标。在具体的教学实施中，设计了多种评价工具，主要以个体评价和小组互评相结合，以更好地培养学生的自我提升能力。

1）以个体评价激励学生的学习动力。学生是一个独立的学习个体，教师应尊重个体的个性化发展，因此在日常教学中，教师以个体评价的方式激励学生是具有一定价值的。

2）以小组评价培养学生的学术心志。在过程性评价中，形式应该是多样化的，其标准不应是单一的，而是多元化的。对于能力较强、专业水平较高的学生，表现基本是好的，也得到教师和同伴的一致认可。但基础薄弱的学生，反而更需要得到大家的鼓励和支持，特别是教师的表扬。因此，在设计教学任务时，需要根据不同的学生设定不同的教学目标，以引导和帮助学生达成学习目标，从而收获学习的成功。

以小组合作并被评价的方式，能更好地激励学生积极主动参与课堂活动，与同伴分工合作完成任务。学生在这个过程中，既学会了合作、倾听，也能高效地掌握语言并综合运用语言进行交际，这是培养学生学科核心素养的有效方法之一。

（4）评价学生的课后作业，保持评价的持续渐进性在过程性评价中，学生在每一个阶段的学习都将是评价的一部分。同样，课后巩固和练习也是学习过程中的一个阶段。作业通常分为两种：书面作业和语音作业。教师需要布置富有创意与想象的作业，来激发学生的学习热情，并培养学生的发散性思维。

对学生而言，过程性评价活动的开展是学生自我评价，对自我学习行为进行反思性评价的意义探究过程；对教师而言，过程性评价活动是引导学生自我评价及自主学习的意义探究过程，并为教学提供了及时的反馈和帮助其调整教学策略。

# 参考文献


[1] 曾明星，李桂平，周清平，等. MOOC 与翻转课堂融合的深度学习场域建构 [J]. 现代远程教育研究，2016 (01)：41-49.

[2] 曾明星. MOOC 时期深度学习教育场域建构研究 [M]. 长沙：中南大学出版社，2016.

[3] 陈丽娜. 基于混合式教学的学习效果评价研究 [D]. 武汉：华中师范大学，2018：11-41.

[4] 程家强. 构建学习场域，激发深度学习的内驱力 [J]. 思想政治课研究，2019 (05)：129-132.

[5] 杜世纯，傅泽田. 混合式学习探究 [J]. 中国高教研究，2016 (10)：52-55+92.

[6] 杜世纯. MOOC 背景下混合式学习的实现路径与效果评价研究 [D]. 北京：中国农业大学，2017：11-42.

[7] 杜世纯. 混合式学习研究 [M]. 北京：中国社会科学出版社，2018.

[8] 杜星月，李志河. 基于混合式学习的学习空间构建研究 [J]. 现代教育技术，2016，26 (06)：34-40.

[9] 冯婵. 促进深度学习的混合式教学模式的构建与应用研究 [D]. 石家庄：河北师范大学，2020：10-51.

[10] 冯晓英，孙雨薇，曹洁婷. “互联网+” 时代的混合式学习：学习理论与教法学基础 [J]. 中国远程教育，2019 (02)：7-16+92.

[11] 付亦宁. 深度学习的教学范式 [J]. 全球教育展望，2017，46 (07)：47-56.

[12] 高伟，王昱霖，宋笑迎，等. 基于虚拟现实技术下深度学习环境的构建研究 [J]. 软件，2019，40 (05)：42-46.

[13] 顾小清，冯园园，胡思畅. 超越碎片化学习：语义图示与深度学习 [J]. 中国电化教育，2015 (03)：39-48.

[14] 管恩京. 混合式教学有效性评价研究与实践 [M]. 北京：清华大学出版社，2018.

[15] 郭露露. 传承与融合：建构主义学习理论对深度教学的启示与建议 [J]. 智库时代，2020 (04)：197-198.

[16] 何聚厚，梁瑞娜，韩广欣，等. 基于虚拟现实技术的深度学习场域模型构建研究 [J]. 电化教育研究，2019，40 (01)：59-66.

[17] 何鸣皋，谢志昆. 混合式教学设计 基于 MOOC（慕课）的 SPOC 教学改革实践 [M]. 昆明：云南大学出版社，2018.

[18] 胡航，董玉琦. 技术促进深度学习："个性化-合作"学习的理论构建与实证研究 [J]. 远程教育杂志，2017，35 (03)：48-61.

[19] 胡越，罗东阳，花奎，等. 关于深度学习的综述与讨论 [J]. 智能系统学报，2019，14 (01)：1-19.

[20] 黄志芳，周瑞婕，赵呈领，等. 面向深度学习的混合式学习模式设计及实证研究 [J]. 中国电化教育，2019 (11)：120-128.

[21] 纪世元. 建构主义学习理论关照下的深度学习探究 [J]. 文学教育（下），2019 (12)：42-43.

[22] 乐会进，蔡亮文. 促进深度学习的翻转课堂研究：认知负荷理论的视角 [J]. 教学与管理，2019 (12)：92-95.

[23] 李璇律，田莉. 建构主义视域下的深度学习 [J]. 教学与管理，2019 (12)：1-4.

[24] 李志河，刘丹，李宁，等. 翻转课堂模式下的深度学习影响因素研究 [J]. 现代教育技术，2018，28 (12)：55-61.

[25] 刘清昆. 促进教师深度学习的行动构想与区域实践 [J]. 教育导刊，2016 (04)：70-73.

[26] 刘艳松. 混合式学习在线课程的规划与建设 [M]. 长沙：湖南地图出版社，2018.

[27] 刘哲雨，郝晓鑫，曾菲，等. 反思影响深度学习的实证研究——兼论人类深度学习对机器深度学习的启示 [J]. 现代远程教育研究，2019 (01)：87-95.

[28] 刘哲雨. 深度学习的探索之路 [M]. 天津：南开大学出版社，2018.

[29] 茅育青，杨小洪. 基于混合式学习的教学行为链之构建 [J]. 远程教育杂志，2015，33 (02)：38-45.

[30] 彭绍东. 混合式协作学习的设计与分析 [M]. 长沙：湖南师范大学出版社，2016.

[31] 冉新义. 混合式学习的理论与应用研究 [M]. 厦门：厦门大学出版社，2018.

[32] 王国华，俞树煜，黄慧芳，等. 国内混合式学习研究现状分析［J］. 中国远程教育，2015（02）：25-31.

[33] 王娟，孙敏. MOOC和翻转课堂融合视域下学生深度学习场域建构研究［J］. 物流工程与管理，2016，38（09）：131-133+136.

[34] 王君，黄永辉，李云晖. 泛在学习环境下学生深度学习场域建构研究［J］. 黑龙江高教研究，2020，38（01）：54-58.

[35] 王全亮. 网络环境下学生深度学习现状及其影响因素研究［D］. 昆明：云南大学，2016：12-41.

[36] 王勇. 翻转课堂的理论与实践 基于应用型本科人才培养的探索［M］. 杭州：浙江大学出版社，2016.

[37] 吴传刚. 虚拟现实与教学深度融合的机理认知与困境突破［J］. 中国教育学刊，2017（09）：39-45.

[38] 吴秀娟，张浩. 基于反思的深度学习实验研究［J］. 远程教育杂志，2015，33（04）：67-74.

[39] 邢翠芳，刘瑜，吕海燕. 深度学习视域下翻转课堂混合式教学设计与实施［J］. 计算机教育，2020（03）：72-75+79.

[40] 张春兰，李子运. 创客空间支持的深度学习设计［J］. 现代教育技术，2015，25（01）：25-31.

[41] 张浩，吴秀娟. 深度学习的内涵及认知理论基础探析［J］. 中国电化教育，2012（10）：7-11+21.

[42] 周霞，伍远岳. 深度教学视野下的学习评价［J］. 教育理论与实践，2020，40（08）：10-13.

[43] 周艳梅. 促进学生深度学习的混合式教学设计与应用研究［D］. 长沙：湖南大学，2018：10-42.

[44] 林立芹，丁路娟. 以学生自主学习能力培养为导向的混合式教学设计［J］. 中国多媒体与网络教学学报，2018（12）：71-72+48.

[45] 林立芹，丁路娟等. 浅谈慕课视阈下混合教学模式的设计与实践［J］. 教育现代化，2016，3（31）：74-76.